U0685055

生态旅行

全球 50 个最佳绿色旅行圣地

THE TOP 50 SUSTAINABLE DESTINATIONS TO TRAVEL GREEN

[意] 马达莱娜·斯滕达尔迪　著

袁伟　译

图书在版编目（ＣＩＰ）数据

　　生态旅行：全球 50 个最佳绿色旅行圣地 /（意）马
达莱娜·斯滕达尔迪 (Maddalena Stendardi) 著；袁伟
译 . -- 北京：中国摄影出版传媒有限责任公司，
2022.11
　　书名原文：Eco Tourism：The Top 50 Sustainable
Destinations to Travel Green
　　ISBN 978-7-5179-1221-7

　　Ⅰ . ①生… Ⅱ . ①马… ②袁… Ⅲ . ①旅游指南 – 世
界 Ⅳ . ① K919

中国版本图书馆 CIP 数据核字 (2022) 第 197689 号

北京市版权局著作权合同登记章图字：01-2020-4918

WS
WHITE STAR PUBLISHERS

WS White Star Publishers© is a registered trademark property of White Star s.r.l.
© 2020 White Star s.r.l.
Piazzale Luigi Cadorna, 6
20123 Milan,Italy
www.whitestar.it

生态旅行：全球 50 个最佳绿色旅行圣地

作　　　者：[意] 马达莱娜·斯滕达尔迪
译　　　者：袁　伟
出 品 人：高　扬
责任编辑：盛　夏
策划编辑：郑丽君
版权编辑：张　韵
装帧设计：冯　卓
出　　　版：中国摄影出版传媒有限责任公司（中国摄影出版社）
　　　　　　地址：北京市东城区东四十二条 48 号　邮编：100007
　　　　　　发行部：010-65136125　65280977
　　　　　　网址：www.cpph.com
　　　　　　邮箱：distribution@cpph.com
印　　　刷：北京雅昌艺术印刷有限公司
开　　　本：16
印　　　张：17.25
版　　　次：2023 年 2 月第 1 版
印　　　次：2023 年 2 月第 1 次印刷
ISBN　978-7-5179-1221-7
定　　　价：89.00 元

版权所有　　侵权必究

生态旅行

全球 50 个最佳绿色旅行圣地

THE TOP 50 SUSTAINABLE DESTINATIONS TO TRAVEL GREEN

中国摄影出版传媒有限责任公司

China Photographic Publishing & Media Co., Ltd.

中国摄影出版社

目录

骑行路线 **226**

引 言

　　地球很脆弱。保护地球，人人有责，我们每个人都应当参与其中，否则，我们的后代，甚至连我们这一代都将再也无法欣赏到很多大自然美丽的奇观异景。

　　每年，全球因旅游业产生的二氧化碳排放量达 50 亿吨，占全球二氧化碳排放总量的 8%。除了因出行所产生的污染外（仅因航空出行所产生的二氧化碳就占旅游业总碳排量的 12%，占全球总碳排量的 2%），值得一提的还有与旅游相关设施的建造和维护，食品和饮料的零售，以及供游客采购的纪念品的生产等所产生的污染。

　　因此，旅游业以其当前这种"大规模市场"形式发展，对气候变化的影响"功不可没"。但是，反过来看，气候变化终究会让旅游业逐渐消亡。

　　这是一个恶性循环。去往充满异国风情的天堂般的旅游目的地成本最高，可那又是人人向往的地方。

　　当然，通过旅行，我们去到了一些美妙非凡的地方和不可思议的国度，这些地方很美丽，与我们通常所熟知的地方不一样。但是，如果我们关爱生命，珍视人类，关心我们居住的星球，想让子孙后代生活在一个美丽的世界里，那么我们就必须关注环境，保护环境。

　　在我们旅行时，我们必须要有环保意识。

　　生态旅行者就是具有环保意识的旅行者。这些旅行者到一个地方旅行，会努力让当地环境变得更美好、人们感到更幸福。

　　为了描述旅行与可持续发展之间的关系，如今我们使用了"生态旅行"或"可持续的、负责任的、生态环境友好型旅行"等词语。早在 20 世纪 80 年代，人们就开始关注旅行地点及当地居民的福祉。世界旅游组织（UNWTO）如是概括："可持续旅游发展是指在保护和增加未来机会的同时，满足当前旅游者及旅游目

第 4 页图： 一位徒步者在安纳普尔纳保护区的一座悬索桥上行走。安纳普尔纳保护区是尼泊尔最大的保护区，横跨玛囊、木斯塘、卡斯基、苗地和蓝塘等地区。

第 9 页图： 马背旅行是探索全球每一个角落最朴实、最环保的方式之一。

第 12—13 页图： 秘鲁的彩虹山又称"七彩山"，是大自然馈赠的最美风景之一。

的地所在地区的需求。其愿景主要是通过对所有资源进行统筹管理，在保护文化完整、主要生态进程、生物多样性及生命保障系统的同时，满足经济、社会和审美需求。"

世界旅游组织的倡议和定义暂且不谈，生态旅行者绿色出行的态度改变了一切。在出发前您就应当着手准备，提前了解您将要前往的旅游目的地的地理、风俗、礼仪和文化等。在选择前往目的地的交通工具时，尽量选择火车、公共汽车等公共交通工具，如果必须开车，最好选择拼车。如果您不得不乘坐飞机前往，请计算一下可能会对环境产生的影响（计算您乘坐飞机时所产生的环境污染量并不太容易），并尽量通过植树等方式进行弥补。我们期望，交通部门将更多的资金投入环保出行项目，扶持那些有利于人们出行期间减少碳足迹的创新型项目。

就住宿而言，可以选择宾馆、民宿、度假农庄及山区驿站，这些场所会对垃圾进行分类，采用可再生能源，建筑物绿色环保，融入当地社区。这些场所的员工都经过良好的培训，遵守基本的环保原则。如果您不要求每天换洗床单和毛巾，则可以节省水和其他能源。自觉践行绿色环保生活方式的旅行者，即便是在度假期间也不会放弃环保原则——这也是目前各旅游机构为获得环保认证而不断加大投资的原因。

到达目的地之后，您就可以用节能、环保的方式开启缓慢、深入的探索之旅了。沿着有标识的路线旅行，尊重动物、植物以及大自然中的一切生灵。随时带走您所制造的垃圾，让海洋中的和陆地上的一切事物都保持原貌（不要把自然界中的某些小物品当作纪念品带回家）。只拍照，不留下任何涂鸦的痕迹，也不要发出让动物受惊的不必要的噪声。尊重你所遇到的人，尊重他们的工作，尊重他们的财产，尊重他们的隐私，维护他们的尊严，拍照前先征得他们的同意。停下脚步倾听他们的声音，鼓励他们为保护该地区环境所付出的努力。感谢他们为您所提供的一切，优先考虑促进当地经济发展，在当地消费，造福在当地工作和生活的人们。不要购买用濒危动物和植物制成的商品，如用象牙、龟壳、兽皮、羽毛等制成的商品。

您应当向随行同伴或接待人员（导游、餐饮和酒店服务员等）大力宣传环保观念，以身作则，率先垂范，然后要求他们采取环保行动。每个地方都有它的独到之处，而人们深入自然及追寻自然奇观的方式也各有不同，目的地难以选择。那些试图亲近大自然的人知道，在大自然中旅行有益身心健康，能缓解压力，提升幸福感，使人更加乐观。大自然帮助我们发现更好的自己。爬山，潜水，去天涯海角旅行，可以了解不同的文化。穿越森林、村庄、贫民窟，跋山涉水，途经火山，越过湿地，尤其是通过与您所遇到的有着不同文化背景的人交流，聆听他们的故事，了解他们的风俗，尝尝他们的食物，这一切定会让您在旅行结束时有所收获。

本书推荐了不同国家的多条经典旅行路线，激励您踏上一段以生态的可持续的方式亲近大自然的旅程。这些旅行路线的共同主题是：美丽环保，经济实惠，具有社会可持续性。

书中推荐的每一个行程都有路线说明、每日行程、实用攻略和生态建议。您也可以根据实际需求对其进行修改和调整。

每条路线只是对以徒步、骑车、骑马、划独木舟或皮艇方式进行旅行的时间提出了建议，您可以根据自己的时间自由安排。当然，您也可以采用其他交通方式前往，有时为了探索奇特的景点，您必须要乘坐轮渡或缆车。但本书所介绍的路线是对环境造成污染和破坏可能性最小的方案。不同旅行路线的难易程度不同，有些路线需要您提前准备好装备，并做好充分的体能准备和心理准备。至关重要的是，您必须认真了解相关的旅行政策，以及您的国家驻这次旅行目的地国家的大使馆或领事馆的联系方式。通过网络资源规划自己的行程路线，并购买相关的旅游保险。您还需要了解行程目的地气象和医疗方面的信息。另外，如果行程目的地政局动荡，则还需了解当地的局势。最后，而且同样重要的是，最好与朋友结伴而行，这样你们可以分享经验，彼此照应。

生态旅行是一种投资，需要眼界、爱心、智慧和时间，但最终是需要资金，资金越充足，效果越令人满意。我们必须节约资源，保护环境，并找到最佳方案，让所有人都能享受全球生态系统更加健康的未来。

30 分钟，这是每个成年人每天应该进行适度有氧运动的最少时间。例如，步行是一种老少皆宜的适合在一年四季中进行的健康的、自然的运动。

从一个地方到另一个地方，步行是一种最自然、环保、经济实惠的方式，同时也是速度最慢、最古老的一种聚会和出行方式。它有助于人们释放紧张的情绪，让人精神焕发、心情愉悦，享受新的体验，对世界、对自身有新的探索和发现。这种出行方式没有任何副作用。

所以，让我们一起徒步吧！尤其是在大自然中，光线、空间、色彩、节奏和声音各不相同，体验效果倍增，令人愉悦，难以忘怀。这种旅行方式是一种逐渐兴起的社交现象，每年都吸引着越来越多的人参与其中。

圣詹姆斯之路和法兰奇纳古道是基督教徒的主要朝圣路线，其中一条路线的历史可追溯至 9 世纪上半叶，另一条路线的历史可追溯至公元 990 年。然而，直到 19 世纪初，它们才开始在欧洲和北美洲成为如今为我们所知的徒步旅行路线。

每个国家都有自己的路线标识规则和方法：有些路线标识清晰，有些则不那么明显；有些被大自然遮蔽或侵蚀，有些则是新设立的。有时候，一些路线在地图上没有被标记出来，您必须找到并依靠当地的专业人士，因为他们热爱自己的家乡，愿意为您讲解关于它的一切。

在本书中，我们介绍了许多不同的旅行路线，有复杂的，也有简单的，有需要导游的，也有无须导游的。这些路线不仅能指引您翻越高山、漫步海边、攀登高原、穿越丛林、徒步沙漠，徜徉于生活幸福、秩序井然、生态平衡、信仰虔诚的国度，还能带领您领略湖滨风光、历史遗迹，或是踏寻海盗、渔民的足迹。这些旅行路线或在宗教圣地，或在海岛上，或环绕间歇泉，或环绕火山周边。总之，本书中可供选择的旅行路线非常多，并且都具有典型的环境特点，路线设计因地制宜，帮助您深入大自然。书中还包含了关于徒步旅行的最佳季节及所需天数的小提示，但实际旅行所需天数会因您的行走速度和临时绕道情况而有所不同。

在您决定出发之前，请务必对自己的身体和精神状态进行评估。如果您接受

第 15 页图：在喜马拉雅山山脚下徒步非常具有挑战性。启程前，务必调整好自己的身体和心理状态。

过徒步训练或定期进行有氧运动，你可能会有优势。如果您打算独自出行，那么您必须具备良好的方向感，并准备好地图和急救箱。

一旦确定了旅行目的地，需要对其做进一步了解，您应当计划好行程天数，并规划好每天需完成的行程。

然后，您需要确定前往目的地的方式。如果您真的想低碳出行，若非万不得已，请不要选择乘坐飞机。

接下来，您需要考虑在哪里过夜，同时还要考虑徒步期间所需的装备、食物和水的补给问题，对那些"前不着村，后不着店"的行程要做到心中有数。您必须能看懂标识牌，了解公园和保护区的入门规定，有些公园和保护区需要预订门票。当然，要时刻遵守"不留痕迹"的原则。

关于行李问题，在每一条旅行路线中，我们对必带的行李都进行了提示。例如，打包一顶帐篷，意味着还需要带上床垫、睡袋、野营炉具等，这会增加您的负担。因此，最好提前了解您将要前往的目的地是否允许自由露营。有人值守或无人值守的临时住所或许有可以利用的工具，但事先了解清楚情况是明智的做法。如果计划住在景区里，则优先考虑环保型的住所，务必提前预订，否则您在劳累了一天之后有可能找不到住所。

带上一台相机记录自己的旅行过程，这是一个非常不错的主意。您可以拍摄旅途中看见的独特风景，切记：要享受旅行的过程，而不是沉迷于拍摄完美的照片。另外，同样重要的是：时刻牢记自己是大自然的客人，行为举止要得体。

第16—17页图： 一群游客在尼泊尔朗塘国家公园里徒步。每年6—9月，该地区受西南季风影响迎来雨季，因此，在此期间徒步必须穿合适的服装。

冰 岛

起点： 兰德曼纳劳卡
终点： 索斯默克
全程： 54 千米
时间： 4 天
难度： 难

住宿： 可以选择驿站（需提前数月预订，并自行携带睡袋）或帐篷（留意天气情况，持续降雨和强风天气可能会引起不适）。驿站附近可以搭帐篷（收取少量费用），非驿站住客禁止进入驿站。

生态理由： 五彩斑斓的风景，漫长的白昼，壮丽、鲜明的景观，独特的生态系统，这种特别的自然遗产应当受到保护，以免遭到不断拥向这片珍贵的原生态地区的游客的破坏。

劳加维古尔小道

冰岛，一片冰火两重天的土地，这里的风景引人入胜，泥浆池、地热温泉、冰川和瀑布，一切都那么令人兴奋和着迷。冰岛是地球上最活跃的火山地区之一，其壮美的景观是火山活动和自然元素相互作用的产物。这种地壳运动（因火山活动而加热了冰川融水）的好处之一是为冰岛几乎所有的家庭提供了环保的地热供暖，满足了该国的能源需求。冰岛还是从陆地上或海上观赏北极光（9月中旬至次年4月中旬），以及海鹦、鲸鱼等动物活动壮观场面的理想之地。

徒步观光可以让您充分享受这片土地非同寻常的美，冰岛最受欢迎的小道之一是位于兰德曼纳劳卡和索斯默克之间的劳加维古尔小道（又称"温泉小道"）。这条小道穿过流纹岩山脉、温泉、湖泊和黑色沙滩，尽头是一片郁郁葱葱的林地。这条小道标识明显，但即使在7月也可能有雾和雪。所以，在徒步过程中要格外小心。有的河面架设有人行桥，但有的河面没有，您必须蹚水过河。

- 第1天
- 第2天
- 第3天
- 第4天

兰德曼纳劳卡
赫拉芬提努斯克
奥尔塔湖
埃姆斯特鲁
索斯默克/兰吉达乐

第18—19页图： 塞里雅兰瀑布约60米高。瀑布旁边有一条小路可以让您绕到瀑布后面去欣赏它的磅礴之美。

第19页图： 兰德曼纳劳卡火山地区的风景色彩明快亮丽。画面中的右侧为露营区。在冰岛，只允许在指定区域露营。

前往时间：这条小道通常在 6 月 25 日至 9 月 15 日期间开放，具体时间视天气情况和降雪量而定。

前往方式：冰岛首都雷克雅未克附近的凯夫拉维克国际机场是从国外前往冰岛的主要门户。您可以从凯夫拉维克乘坐大巴前往兰德曼纳劳卡（约 220 千米）。

携带行李：1 顶帐篷，1 个睡袋，食物（驿站不出售食物，在极为罕见的情况下，您或许能看到冰冻产品，但价格十分昂贵，所以最好别指望在驿站能买到食物），1 只水壶，优质的徒步靴及装备，防风防水的服装，洗漱套装，急救箱（包括创可贴，以及用于处理小伤口的止痛药和消炎药），头灯，拍摄器材防水布，母语地图。

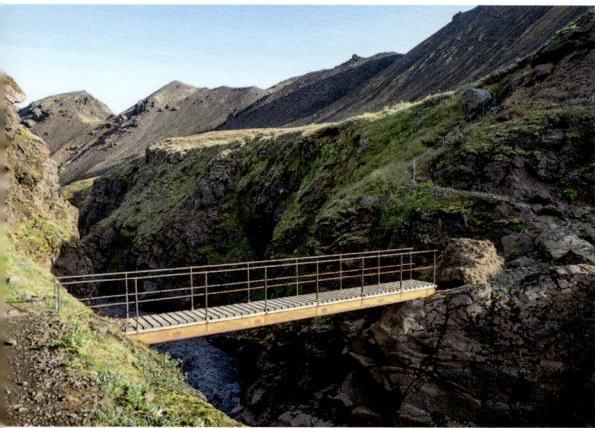

第 1 天：兰德曼纳劳卡

此徒步行程始于美丽的流纹岩区兰德曼纳劳卡，您可以在这五彩斑斓如迷人画卷的风景中悠闲地漫步。绵延的黑曜石与绿色、白色、红色、黄色条状纹路的山脉形成鲜明对比，斑斓的色彩是火山活动的产物。兰德曼纳劳卡是为数不多的几个可以在天然温泉池中游泳的地方之一，周边景色壮观。当地的驿站大约可以容纳 80 人过夜。

第 2 天：兰德曼纳劳卡—赫拉芬提努斯克—奥尔塔湖

这一天的行程很长，且极具挑战性。这条小道的前面一部分行程需要您缓慢攀登至斯托里惠尔温泉，这里的雪与温泉相映成趣，形成了一道奇观。过了赫拉芬提努斯克，您就可以欣赏到令人窒息的高地美景了。然后，经过一段崎岖的山路，下山来到奥尔塔湖湖边的驿站，这个驿站大约可容纳 70 人在此过夜。

第 3 天：奥尔塔湖—埃姆斯特鲁

在这段行程中，您将走过一大片沙地，跨过几条非常冰冷的河流。在这里，您可以欣赏到静谧、迷人的空旷美景。这里地势平坦，视野开阔，您可以极目周边的群山和冰川。夜晚，您将在埃姆斯特鲁过夜，这里大约能容纳 60 人。

第 4 天：埃姆斯特鲁—索斯默克 / 兰吉达乐

这一天的行程是向驿站以东出发，穿过一条五彩斑斓的峡谷后，米达尔斯冰川美景将尽收眼底。跨过西德里 - 埃姆斯吐阿河上的一座桥，沿着马卡夫约特河继续进行一段比较轻松的行程。蹚过斯隆加河，来到郁郁葱葱的索斯默克山谷，在这里，您会明白冰岛被称为"冰火之国"的原因。要想将峡谷、冰川和河流美景尽收眼底，您就必须登上瓦拉努库尔山。最后一夜，您将在索斯默克／兰吉达乐的驿站度过，这里大约能容纳 75 人。

第 20 页上图： 冰岛拥有各种各样的温泉和间歇泉，这是火山所致的强烈地热运动的结果。

第 20 页下图： 埃姆斯特鲁地区一座横跨西德里－埃姆斯吐阿河的桥。至此，这是这趟行程的第 4 天，也是最后一天。

第 21 页图： 沿着这条小道走，您能欣赏到奥尔塔湖和埃姆斯特鲁驿站之间的各种景观：从黑色的沙滩到蓝色的冰川，从彩虹般的山脉到青绿色的山丘，令人叹为观止。

▶ 生态小贴士

严禁留下任何垃圾，包括厕纸和厨余垃圾。请把所有垃圾都及时带走，并分类丢弃至相应的垃圾桶中。请务必沿着路面行进，在指定地点宿营，避免践踏植被并在植被上留下足迹。如果您在植被上留下了哪怕仅仅少数几个脚印，那么他人将会效仿，经年累月，就会破坏这里的风景。总体原则就是：除了路面上的脚印，什么都不要留下；除了拍照留念，什么都不要带走。

实用网址
inspiredbyiceland.com
www.fi.is/en/mountain-huts

卡鸿凯洛斯小道

起点: *豪塔耶尔维或萨尔兰提（里斯提卡里奥）*

终点: *卢卡山荒原*

全程: 82 千米

时间: 4—8 天

难度: 易 / 中

住宿: 帐篷、驿站

芬兰是一个湖泊星罗棋布，被大面积的绿色和蓝色所覆盖的国家：70% 以上的土地被森林覆盖，湖泊 18.8 万多个，岛屿无数。芬兰共有 40 个国家公园，分布在该国北部的拉普兰地区以及湖区、沿海地区和群岛上。这些未被污染的地方是成千上万野生动物的家园。据估计，芬兰的森林中约栖息有 1500 头棕熊。芬兰还是许多稀有植物的家园。例如，在塞马湖上可以看到世界濒危物种之一——环斑海豹。

夏季午夜的太阳、9 月至次年 3 月的北极光，以及纯净通透的空气，都在激发人们充分感受大自然魅力的欲望。芬兰是欧洲最佳远足目的地之一，颇受北欧式健走者的青睐。北欧式健走是一种全身运动型步行方式，步行时辅以专业的步行杖，这种步行杖类似滑雪杖。芬兰还被认为是世界上最环保的国家之一，大力支持生态可持续发展，主要提倡减少煤炭、天然气和石化燃料等能源的使用。

卡鸿凯洛斯小道蜿蜒曲折，贯穿地处芬兰东北部的奥兰卡国家公园，沿途有许多景观，其中包括河流、湍流、峭壁、森林、松林、草地，以及驼鹿和驯鹿等。卡鸿凯洛斯小道又被称为"熊之径"或"熊之环"，可分为 4 段行程，每一段行程都会遇到一些挑战。这条徒步路线可以从不同的起点出发，我们建议以豪塔耶尔维或萨尔兰提为起点。只要把握好徒步的节奏，通常在 4 天之内就可以走完全程。您也可以乘坐独木舟完成其中的部分行程。

豪塔耶尔维

泰法坎哥斯

里斯提卡里奥

奥兰卡游客中心

朱玛村

卢卡山荒原

● 第 1—2 天
● 第 3—4 天
● 第 5—6 天

第 22 页图: 奥兰卡河边一间废弃的渔民的房子。

第 23 页图: 鸟瞰芬兰奥兰卡国家公园最主要的陆地生物群落泰加林（又称"北方针叶林"）。

生态理由: 芬兰奥兰卡国家公园因生物多样性而著称，人们对其环境保护相当重视。卡鸿凯洛斯小道沿途有许多回收站，供游客丢弃金属、玻璃、塑料、纸张等可回收物，以及有害垃圾，如电池等废弃物。

第 24 页图：一种分布广泛的野生兰花，花色鲜艳。

第 25 页上图：阿芬托河边一处壮丽的风景。画面中，阿芬托河流经垂直的岩壁。此处距离行程的两个起点之一里斯提卡里奥 5 千米。

第 25 页左下图：冬末春初，游客能听到啄木鸟啄树的声音。图为一只啄木鸟在啄树寻虫。

第 25 页右下图：公园里的一头驯鹿。奥兰卡的物种数量尚不确定，目前该地区至少有 4400 个栖息点，约有 400 余种保护物种在此繁衍生息。

第 1—2 天： 豪塔耶尔维—奥兰卡游客中心

卡鸿凯洛斯小道最北段起于豪塔耶尔维村，止于里卡森法兰提道上的奥兰卡游客中心。此段行程将穿越森林，途经山谷和峡谷。通过萨维兰皮的悬索桥跨过奥兰卡河，您就抵达了泰法坎哥斯湍流边。沿途有许多休息的地方，例如润苏兰皮营地。在本段行程的最后，还有奥兰卡大本营和奥兰卡游客中心。

旅行小贴士

前往时间： 最佳时间为 6 月至 9 月底。

前往方式： 从赫尔辛基国际机场乘坐航班前往库萨莫，从库萨莫向北驱车约 70 千米抵达行程的起点之一豪塔耶尔维村。

携带行李： 睡袋，床垫，帐篷，净水片或净水器，远足靴，步行杖，专业服装，防晒霜。

第 1—2 天：萨尔兰提停车场（里斯提卡里奥起点）—泰法坎哥斯

此次行程的另一个起点是萨尔兰提道（950 道）旁的里斯提卡里奥，这是卡鸿凯洛斯小道的第一段行程路标。小道从此处开始，一直通往里斯提卡里奥峭壁。您沿着阿芬托河前行，穿过河边的森林和草地，沿途可见当地牧民的谷仓和牛棚。由此起点出发，经过一天的跋涉，就可以到达里斯提卡里奥驿站（距离约为 4.8 千米），由此通往泰法坎哥斯湍流。沿着阿芬托河继续前行，跨过两座悬索桥，就完成了第一段行程，您可以在泰法坎哥斯驿站附近安营扎寨。

▶ 生态小贴士

在驿站过夜时，必须认真阅读驿站所提供设备的使用规则和说明。禁止在驿站内吸烟。要严格遵守垃圾处理规定：可生物降解的垃圾应当丢进堆肥箱或堆肥粪池中，其他所有垃圾必须带至最近的回收站。禁止在小道沿途丢弃任何可能会招引害虫的东西及食物。只允许焚烧废弃的白纸。

实用网址
www.visitfinland.com
outdoors.fi
www.nationalparks.fi/karhunkierros
www.nationalparks.fi/oulankavisitorcentre
www.ruka.fi/en/national-parks

第 26 页上图：卢卡滑雪风景
区的夏日景象。该滑雪风景区
是芬兰最大的滑雪中心之一，
此次徒步的终点就在该滑雪风
景区的中心广场。

第 26 页下图：俯瞰夏季的卢
卡山。卢卡山海拔约 490 米。
在这里，除了可以练习高山滑
雪，还可以练习越野滑雪。

第 26—27 页图：芬兰奥兰卡
国家公园始建于 1956 年，如
今已是国际公认的保护区。

第 3—4 天：奥兰卡游客中心—朱玛村

此段行程中的起点至秋塔孔格斯瀑布部分非常具有挑战性，不过，此后就是穿越森林，行程变得容易很多。接着，一段长为 6 千米的行程也可以通过划独木舟完成。划独木舟从秋塔孔格斯瀑布出发，一路划向安萨坎帕驿站。沿途有时还可以看到驼鹿和驯鹿。若是徒步，经过瀑布后，小道便会指引您进入一片松林，沿着藏在森林深处的一条小溪下山，顺着奥兰卡河岸来到安萨坎帕驿站。从这里转向凯卡里米区，经过朱辛坎帕驿站后，沿着帕坎纳卡洛峭壁下山，再顺着基达河向朱玛村方向前行。在帕坎纳卡洛峭壁下，这条道与卡鸿凯洛斯小道汇合。徒步者可选择顺时针或逆时针方向继续行进。逆时针行进，沿途的风景有：米利科斯

基和尼斯卡科斯基两座悬索桥，卡里奥坡提风景，还有为米利科斯基一日游所提供的驿站。顺时针行进，沿途风景有：壮观的耶热弗瀑布，西拉斯吐帕驿站，以及哈里苏万托和尼斯卡科斯基两座悬索桥。殊途同归，两种选择都能到达朱玛村。

第5—6天：朱玛村—卢卡山荒原

这一段需要翻山越岭的行程是整条小道的最后一程。从一段相对易行的森林开始，一路前行，行程会变得越来越具有挑战性。到达坡荣提马河后，继续向库普瓦拉山进发，行进难度增加。

接近行程终点时，徒步者必须翻过陡峭的康泰伦山和瓦尔塔瓦山，这一带山脉的最高峰海拔491米。这条小道最终止于卢卡山荒原坡地卢卡滑雪风景区的中心广场。

起点: 明加维

终点: 威廉堡

全程: 151 千米

时间: 8 天

难度: 中

住宿: 帐篷、小旅馆、民宿

第 28—29 页图: 鸟瞰英国明加维建于 14 世纪的马格达克城堡及其周边,此城堡现为东邓巴顿郡的一处乡村住宅。

生态理由: 这条小道能让所有按此路线徒步的人发现英国苏格兰最为迷人的一面。这片天然净土人迹罕至,拥有珍稀野生动物,透着一种粗犷的美感。这片区域的大部分景观受到保护,未被破坏。

高地西线

苏格兰及其岛屿占英国国土面积的1/3。这里随处可见城堡、纪念碑、博物馆和传统建筑，充满了魅力和热忱。想要充分了解它，您应当像当地居民一样，晚上到传统的酒吧喝上一杯纯麦芽威士忌。然而，这里是自然的，开阔的空间、广阔的天空和未被污染的环境，这些才是这片土地上真正的遗产。这里有原生态的荒原，是一个神秘的地方。

多年来，当地一直鼓励人们进行生态旅行，尊重自然和当地社群，这也吸引了越来越多的"绿色"游客。在当地政府诸多目标中，最宏大的目标是：到2050年之前，有害气体排放量减少90%，同时推进可再生能源和绿色经济项目的发展。

在英国著名的徒步道中，高地西线是一条穿越该国壮丽景观的国家级徒步道，也是最壮观、古老的官方徒步道之一。在这片风光独特的高地中，这条徒步道途经洛蒙德湖和特罗萨克斯山国家公园，穿过险峻的冰川峡谷，越过高山和荒原，沿着河流、小溪、运河和湖泊一路延伸，如梦似幻。

威廉堡

金洛赫利文

国王之家

奥奇桥

泰恩德拉姆

因弗拉南

罗瓦德南

德里门

明加维

- 第1天
- 第2天
- 第3天
- 第4天
- 第5天
- 第6天
- 第7天
- 第8天

第29页图： 洛蒙德湖湖景。洛蒙德湖所处地区在历史上具有重要的战略意义，许多城堡就是很好的证据。

第1天：明加维—德里门

　　明加维是格拉斯哥西北部一座静谧的小村庄。从明加维至德里门的这条小道能让您初步领略到类似高地西线沿途的各种奇观异景。沿着一些小湖泊和小河流走，您就会到达英国最大的湖泊洛蒙德湖湖畔的德里门，该湖在洛蒙德湖和特罗萨克斯山国家公园里。德里门是您驻足过夜的地方，也是您通往高地的门户。

第2天：德里门—罗瓦德南

　　第二天，从洛蒙德湖进入高地。首先，您可以到科尼克山上欣赏洛蒙德湖风景，这是英国最迷人的风景之一。随后，沿着小道下山向巴尔马哈出发。因为巴尔马哈是这一段行程的中点，所以徒步者大多愿意在此驻足。然后，再沿着洛蒙德湖岸边前行大约30千米，即可完成第2天的行程。建议您绕道去斯特拉特卡舍尔角，这座人造岛屿非常值得一看。

前往时间： 4月至10月。

前往方式： 最近的国际机场是格拉斯哥国际机场。从格拉斯哥到明加维约20千米，可乘坐火车或大巴前往。

携带行李： 帐篷，睡袋，防雨衣物（夹克和短裤），拍摄装备防水布，徒步靴，保暖衣，帽子，防晒霜，急救箱，防蚊液，水壶和充足的食物。

这些建于新石器时代的神秘的人造岛屿是用石头在湖中、河中或海中堆砌而成的。这一天的行程至罗瓦德南结束，在这里，您可以选择住酒店、青年旅馆或城堡。

第30—31页图： 洛蒙德湖及巴洛赫城堡。巴洛赫城堡乡村公园于1980年被认定为英国国家公园，占地0.8平方千米，是一座带围墙的拥有天然步道和导游步道的公园。

第31页上图： 壮观的洛蒙德湖风景。洛蒙德湖是英国最大的湖泊，您可以在这里泛舟、划皮艇和冲浪。

第31页下图： 英国洛蒙德湖与特罗萨克斯山国家公园中金拉斯水面上的黄油桥。

第 32 页图：林尼峡湾边上一座建于 14 世纪的城堡——斯多克尔城堡。林尼峡湾是苏格兰西北高地地区的一片大西洋海湖。

第 33 页上图：奥奇桥秋日美景，远处是多兰山。这一段路线专门为寻求刺激的独木舟或皮划艇爱好者而设计。

第 33 页下图：站在尼维斯峡谷的尼维斯山（英国最高的山）山顶极目远眺，所见美景便是对登上尼维斯山的人最好的回馈。

第 3 天：罗瓦德南—因弗拉南

您的主要行程是穿过洛蒙德湖沿岸的一片森林，这里的小岛星星点点，绿草茵茵。您到达小村庄因弗斯内德后，再前行 6 千米，就走出了洛蒙德湖区域。继续走一段约 4 千米的上坡路，您就会到达因弗拉南的拜恩格拉斯农场宿营地。在这里，若想寻找酒吧或小旅馆，您可以继续前行约 1.6 千米，即可到达因弗拉南的牧人小旅馆。

第 4 天：因弗拉南—泰恩德拉姆

早晨，从因弗拉南出发，一路爬缓坡，行至法洛赫峡谷。这里群山环绕，风景美得令人窒息。这段行程的中点在克林拉里克村附近，过了行程中点，沿着小道继续前行至圣费南修道院遗址及泰恩德拉姆村，您将在这里过夜。

第 5 天：泰恩德拉姆—奥奇桥

从泰恩德拉姆出发，沿着小道前行，穿过一条美丽的山谷，到达奥奇桥。这是小道最原始、最狂野的一段路，在这里，所有的文明都被抛至脑后。曼卡莱和图拉湖的全景棒极了。您将在奥奇桥留宿一晚。奥奇桥是奥奇河河边的一个小村庄，是著名的独木舟爱好者旅行目的地。

第 6 天：奥奇桥——国王之家

这段行程是全程中最令人愉悦的一段，其中包括标志性的兰诺克沼泽地。这片遍布沼泽的荒野是欧洲面积最大的荒野之一，对保护珍稀动植物和生态环境起到了十分重要的作用。晴天时，四周的群山及黑山之巅的景观相当惊艳。如遇雨天，周边没有避雨的场所，徒步过程将变得极具挑战。当然，无论是晴天还是雨天，这都将是一次令人难忘的旅程。下山后，迎接您的将是国王之家酒店和工棚宿舍。

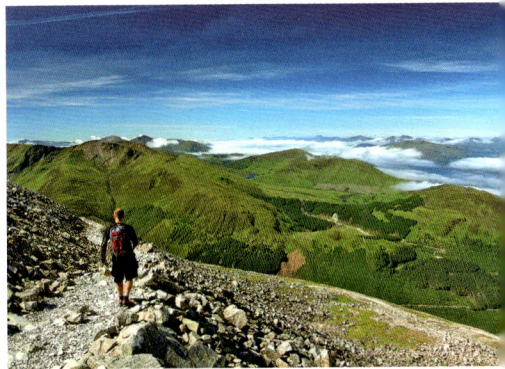

第 7 天：国王之家—金洛赫利文

本段行程中最为经典的部分是魔鬼阶梯，这条"之"字形阶梯通往高地的最高点（海拔 550 米）。顾名思义，这里的阶梯十分难爬，但并非不可到达。站在尼维斯山山顶欣赏脚下壮观的景色，就是对您所有努力的最好奖励。下山，继续前行至金洛赫利文，那里有许多酒吧和设施齐全的商店，您可以在这里过夜。

第 8 天：金洛赫利文—威廉堡

吃过早餐后，从金洛赫利文出发，您将要攀爬一段峭壁。无限风光在险峰，大抵如此。经过一段艰辛的路程，沿着一条古老的军事要道行进，穿过壮丽的尼维斯峡谷，您会突然发现自己已置身于英国最高的山峰——尼维斯。您穿过格伦这条长且窄的典型高地山谷下山，向英国户外运动之都威廉堡小镇进发。小道全程至戈登广场结束，广场上有专门为徒步者建造的纪念碑。

生态小贴士

在英国，有"通行权"一说，在这个国家里，只要您对自己的行为负责，身后不留下任何垃圾，几乎随处都可以宿营。每年 3 月 1 日至 10 月 31 日，洛蒙德湖附近会有一些宿营限制。在任何情况下，您宿营都不得超过两三个夜晚。请勿干扰当地的野生动物，避免破坏环境。这一点在每年的特定时期尤其重要，比如每年 4—5 月初的动物繁殖期。

实用网址
www.visitbritain.com/us/en/scotland
kingshousehotel.co.uk
droversinn.co.uk
beinglascampsite.co.uk

33

哈德良长城国家步道

　　大不列颠岛主要分为三个部分，这三个部分各有特色。英格兰广袤多姿，有城市、乡野，有田园风景，有陡峭的山脉，有原始的荒原，有古老的森林，有饱经风霜、孑然孤立的悬崖峭壁。苏格兰的风景美丽如画，有许多原生态景观，人与自然完美融合，让人流连忘返，是一个理想的旅行目的地。威尔士则是另一番景象，尤以美丽的自然风光、著名的海滨度假胜地、宁静的乡村、未受破坏的山谷、起伏的山丘及崎岖的山脉而闻名。

　　壮观的哈德良长城被联合国教科文组织（UNESCO）列为世界文化遗产，是公元 2 世纪末罗马人入侵的历史见证。哈德良长城是一道用石头建造而成的石墙，将罗马帝国时期的不列颠省与喀里多尼亚隔开，喀里多尼亚即现在的苏格兰。哈德良长城坐落在英国最美丽、最原始的地区之一，这里有许多珍稀的野生动物。哈德良长城沿着苏格兰和英格兰边界旁的海岸延伸，每隔一段距离就建有一座塔楼和里堡。哈德良长城国家步道沿着城墙从英格兰东海岸的沃尔森德通往西海岸的索尔威湾畔的鲍内斯。这条路上的路标堪称完美，您只需按照路标前行即可。

起点： 沃尔森德

终点： 索尔威湾畔的鲍内斯

全程： 135 千米

时间： 6 天

难度： 易 / 中

住宿： 民宿

- ● 第 1 天
- ● 第 2 天
- ● 第 3 天
- ● 第 4 天
- ● 第 5 天
- ● 第 6 天

第 34—35 页图： 英国诺森伯兰国家公园中一处城墙遗址被联合国教科文组织列为世界文化遗产。这座城墙是公元 2 世纪由古罗马皇帝哈德良下令修建的。

生态理由： 这条穿越荒郊野岭的小道只对徒步者开放，骑自行车或骑马会破坏路面的植被。

第 1 天：沃尔森德—城郭海顿

这条小道从沃尔森德（即泰恩河畔纽卡斯尔郊区的塞格杜努姆）开始。在这里，您可参观塞格杜努姆博物馆和古罗马堡。这条小道沿着泰恩河蜿蜒伸展。13 世纪至 20 世纪末，煤船曾穿梭于泰恩河，泰恩赛德是英国造船业的中心。您会途经威拉姆货车道，这是一条历史悠久的通往城郭海顿的道路。当晚，您将在城郭海顿过夜。

第 2 天：城郭海顿—乔勒福德

这段小道并不难走，而且靠近农田。这片景观被联合国教科文组织列为世界文化遗产，但这条小道显然不在哈德良长城旁。事实上，哈德良长城位于现在的军事公路 B6318 的下方，是 18 世纪韦德将军为防御詹姆斯二世党人叛乱而下令修建的。在一些地方，您还可以在田野里看到古罗马时代的石料。当晚，您将在乔勒福德过夜。

第 3 天：乔勒福德—斯蒂尔里格

在这一天的行程中，您看到的风景开始有所不同：牧场海拔越来越高，视野越来越开阔。您可以看到古罗马城墙和北护城河。从第 35 个里堡开始，道路变得蜿蜒崎岖，比想象中更具挑战性。天气晴朗时，这里没有任何可以遮阳的地方。但在春天（这条小道的最佳徒步季节），您可以闻到城墙石缝中野花野草的芳香。漫步在这条小道上，您不禁会惊叹古罗马时代工程师和建筑师们的工艺，也会赞叹维多利亚时代工程师和建筑师们，是他们决心要保护好哈德良长城。当晚，您将在斯蒂尔里格过夜。

第 4 天：斯蒂尔里格—沃尔顿

沃尔塘峭壁位于小道的中点处，在这里，您可以看到苏格兰南部风光和北奔宁山脉，还隐约可见远处的小道终点索尔威湾畔鲍内斯。

大文西尔悬崖是北奔宁山脉特有的岩石峭壁，其最高点是风挡峭壁，海拔 345 米。这些峭壁形成了一种天然的屏障，被哈德良长城的建造者们战略性地加以利用。行程中，您可

生态小贴士

请随身携带水壶，因为沿途很难找到水，在那里，水比啤酒贵。哈德良长城徒步也可与周边的英国湖区国家公园、诺森伯兰国家公园、基尔德湖泊和森林公园以及北奔宁山脉徒步一起进行。

实用网址

visitbritain.com
nationaltrail.co.uk/hadrians-wall-path
www.ukho.gov.uk/easytide
hadrianswallcountry.co.uk
segedunumromanfort.org.uk

以在绿头村和吉尔斯兰村歇歇脚。继续向西行走，完成当天行程的最后一段路——野兔山。当晚，您将在沃尔顿过夜。

第5天：沃尔顿—卡莱尔

在本段行程中，您看不到哈德良长城遗迹，但您可以看到见证其历史存在的土方工程。由于接近海平面，所以此处梯度比较平缓，从诺森伯兰更加开阔的地形转入这气候宜人的林间是一种非常愉悦的体验。整段行程都比较平和，似乎在为您抵达卡莱尔前方的索尔威湾拉开序幕。当晚，您将在卡莱尔过夜。

第6天：卡莱尔—索尔威湾畔鲍内斯（玛雅古罗马堡）

当天，在漫步时，您将欣赏到广袤的苏格兰风景。除了鸟儿的歌声，索尔威湾伊甸河河口湿地还为您提供了平和、安宁的独处环境，让您有机会在漫步至终点时能够回味小路之旅的点点滴滴。从塞格杜努姆到玛雅，从一座堡垒到另一座堡垒，就像一部罗马史诗。哈德良长城小道到此终止。索尔威湾畔鲍内斯位于戴克斯菲尔德、德兰伯勒、卡莱尔港和索尔威湾之间的海平面，因此有必要查阅潮汐表。英国水文局网站有免费的预测潮汐的信息服务。

第36页图：三十九里堡遗址。三十九里堡是哈良德长城的重要防御工事之一，这类城墙通常每隔1.5千米设一个里堡。
第37页上图：落日余晖下的城墙、高盾峭壁及岩湖。岩湖是英国诺森伯兰国家公园南界内的一座湖。
第37页下图：切斯特古罗马堡遗址，是古代修建在苏格兰边境附近用来保护哈德良长城的众多哨所之一。

前往时间：最佳时间为5月至10月，这段时间天气比较干燥。建议提前预订住宿，因为房源非常抢手，尤其周末。

前往方式：纽卡斯尔有一座国际机场，有许多飞往英国国内、国外的航班。从该机场开车至沃尔森德大约需要30分钟。步道两端（西端的卡莱尔或东端的泰恩河畔纽卡斯尔）都有城际铁路和英国国家快客客运服务，乘坐公共交通前往哈德良长城都十分方便。

携带行李：建议带上一张地图或一本旅游指南。如果您选择这条路线，最好带上支票，因为并非所有的旅馆都能刷信用卡。夏天，您需要带上防蚊液、防晒霜（因为会长时间暴露在阳光下，无遮阴处）、创可贴。如果您需要与旅馆沟通入住时间，则最好带上一部电量充足的手机（再多带一块备用电池）。小道沿途的很多景点都由英格兰遗产委员会（English Heritage）或英国国家信托组织（National Trust）管理经营，所以会员们最好带上会员卡。除了食物，还需要带上充足的水。穿上徒步靴、长款长袖外套、风衣、防水披肩，戴上帽子、太阳镜，带上防晒霜、相机及摄影器材防水布。玛格丽特·尤瑟纳尔（Marguerite Yourcenar）的《哈德良回忆录》（Memoirs of Hadrian）是一个不错的旅行伴侣。

德　国

起点: 蒂蒂湖 / 塞格
终点: 蒂蒂湖 / 塞格
全程: 113 千米
时间: 6 天
难度: 难
住宿: 驿站、小旅馆、酒店（最好提前几天预订）

第38—39页图: 蒂蒂湖边的一栋建筑侧面画着一只布谷鸟钟。这栋建筑属于一家钟表公司，该公司现在专门生产布谷鸟钟和精致的腕表模型。

生态理由: 这条蜿蜒的小道穿过土路、山路和森林，几乎没有铺设的路面，被认为是德国最佳的徒步路线之一。

黑森林徒步

作为古大陆上最具环保意识的国家之一，德国不仅拥有美丽的自然风光，还拥有一流的基础设施，这得益于其高效的公共交通网络，所有的目的地都很容易到达。并且，在各大城市的任何一个车站或旅游景区，您都可以租到自行车（有些服务中心还提供电动自行车租赁服务）。许多酒店都会负责管理环境和处理垃圾，他们欢迎具有可持续发展意识的客人。

德国通过有远见性的措施来保护其艺术遗产和自然遗产。德国共有 42 个被联合国教科文组织认定的世界遗产景点、15 个生物圈保护区、16 个德国国家公园和 100 多个自然公园。

黑森林是德国最大的自然公园，一直是徒步旅行者钟爱的目的地。我们此处所推荐的徒步路线是一条环形路线，沿途有壮丽的风景、森林、湖泊及宽阔的山谷。这条路线维护得很好，但在岩石路段要小心，道路可能会又湿又滑。

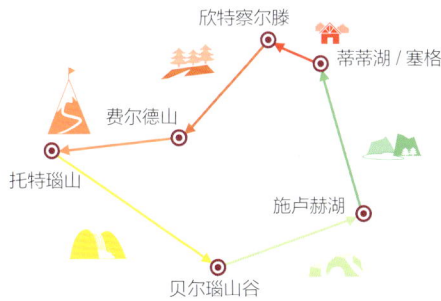

欣特察尔滕
蒂蒂湖 / 塞格
费尔德山
托特瑙山
施卢赫湖
贝尔瑙山谷

● 第 1 天　　● 第 4 天
● 第 2 天　　● 第 5 天
● 第 3 天　　● 第 6 天

第 39 页图： 蒂蒂湖和费尔德山风景。费尔德山海拔 1493 米，是黑森林中最高的山。

第1天：蒂蒂湖/塞格—欣特察尔滕

此路线开始于塞格附近的蒂蒂湖，第一段行程向东南方向的红海自然保护区进发。随后经过贝伦塔尔，群山中点缀着黑森林传统风格小屋，然后到达塞巴赫瀑布群。从这里开始，您快速爬上西侧步道，途经一些小湖泊，来到巴登－符腾堡州滑雪胜地欣特察尔滕，您可以在此停下来，吃晚餐，并留宿。

第2天：欣特察尔滕—费尔德山

离开欣特察尔滕，向费尔德山前行。当地为了保护一种只生长于德国费尔德湖和蒂蒂湖水下1—2米深的珍稀植物蕨，目前禁止在湖中游泳。沿着一条窄窄的小道继续前行，一路向赛德攀行。在当天行程的最后一段，您将途经一个小型的滑雪景区，然后到达费尔德山上的驿站，您将在那里过夜。

第3天：费尔德山—托特瑙山

这一天，您将要向黑森林的最高峰——海拔1493米的费尔德山顶峰进发。小道开始变得陡峭，一直延伸至山顶。爬上山顶，您可以欣赏到南边阿尔卑斯山的壮观远景。短暂歇息之后，您继续沿着西侧步道前行，穿过幽静的森林，缓缓下山。当天最后一个目的地是托特瑙山，这是以托特瑙山这座山的名字来命名的一个滑雪景区。

第4天：托特瑙山—贝尔瑙山谷

从山上往下走，来到托特瑙山谷。从这里乘坐缆车攀升至小镇东南部海拔1155米的兔角山。经过短暂的向山顶绕行后，您将经过普雷格巴赫瀑布，然后抵达贝尔瑙山谷，这里散落着许多村落，是黑森林最美丽的地方之一。山谷中的住宿环境一流。

第5天：贝尔瑙山谷—施卢赫湖

这是本次徒步之旅中最令人兴奋的一段行

第40页图：格尔特尔巴赫瀑布从黑森林主路以西的泉眼流出，一直延伸2.5千米。

第41页左图：施卢赫湖夏日风景。施卢赫湖是巴登－符腾堡州的一座水库湖泊，四周群山环绕，绿草如茵，绿树成荫。

第41页右图：施卢赫湖附近的徒步旅行者。"三湖轨道"延伸至此。之所以被称为"三湖轨道"，是因为这条路经过蒂蒂湖、文特格湖和施卢赫湖3个湖泊。

程。从贝尔瑙山谷出发后，您将途经一座废弃的银矿区，沿着峡谷中的斯卢赫滕斯泰格继续前行，来到十字拱门驿站。您从这里沿着林中小路下山，来到当天行程的终点施卢赫湖湖畔。这片水域被一条环形的自行车车道环绕，湖中可以通行电动船。

第 6 天：施卢赫湖—蒂蒂湖 / 塞格

　　行程的最后一天，您将沿着施卢赫湖湖畔步行一段距离，离开施卢赫湖，向北朝一座小型社区法尔考进发。再次爬山，您又回到了蒂蒂湖的北边，也就是您的出发地，您将在这里过夜。蒂蒂湖发源于费尔德山的冰川，是黑森林最美丽的湖

旅行小贴士

前往时间： 最佳时间为夏季。

前往方式： 飞抵由瑞士、法国和德国三国共享的巴塞尔－米卢斯－弗赖堡欧洲机场。这是唯一一座三国共享机场，距离蒂蒂湖约 100 千米。从机场到蒂蒂湖，您可以选择乘坐大巴或火车。

携带行李： 食物、水、徒步鞋、长袖衣服、长裤、帽子、防晒霜、太阳镜、洗漱用品、急救箱、创可贴、防蚊液、徒步杖、头灯、风衣、防水披肩。

泊之一。您可以绕湖徒步或骑行，去探索这片高大茂密的森林。或者，您也可以选择乘船游玩。为了保护环境，这里只允许乘坐电动船。

▶ 生态小贴士

　　重要的并不是徒步，而是我们花时间回归大自然，净化身心。因此，要尊重自己在大自然中所走过的每一个地方。如果您在黑森林中野炊，请务必妥善处理垃圾——将垃圾带回您的住所或投入景区设置的垃圾箱内。请务必保持安静，不要大声喧哗，避免惊扰野生动物。

实用网址

germany.travel/en

schwarzwald-tourismus.info

瑞士

起点： 迪尔斯多夫

终点： 尼翁

全程： 320 千米

时间： 16 天

难度： 易

住宿： 小旅馆、民宿、驿站

第 42—43 页图： 雷根斯堡是迪尔斯多夫的一个区，被认为是瑞士最小的城市。在整条路线的第一段行程中，您将攀爬过一座葡萄园后抵达这里。

生态理由： 不同于大众旅游和景区度假，本条路线是到山区休闲放松和给自己充电的理想选择，也是探索侏罗纪文化的好机会。小旅馆或民宿的店主都是当地农民，店里提供当地特色菜肴。

汝拉山脊小道

在瑞士，一切看上去都很完美：村落井然，与周边风景完全没有违和感；大城市整洁有序，居民具备生态意识。瑞士自然风光秀丽，有平静幽深的山谷和巍峨壮丽的高山等待您去探索发现。长度超过 6.5 万千米且标识清晰的小道穿越欧洲一些风景秀丽的地区，是徒步爱好者的天堂。在这里，徒步者完全沉浸在无尽的山路之间。得益于发达的交通系统及滑雪缆车和索道缆车，徒步者到达能看到全景的山顶非常方便。乘坐火车、大巴、船等交通工具前往一些主要路线的起点也同样方便。徒步与公共交通相结合是瑞士旅游业的一大亮点，具有生态效益。

汝拉山脊小道建于 1905 年，是瑞士难度最小的徒步路线之一。沿着瑞士最古老的长途小道一直走，你会发现它呈弧形连接着瑞士的苏黎世和日内瓦。沿途风景令人难忘，有森林和牧场，有城镇和湖泊，还有欣赏不尽的阿尔卑斯山、黑森林和孚日山脉的风景。一路上，您会感受到传统的赫尔维蒂山山民们的热情好客。

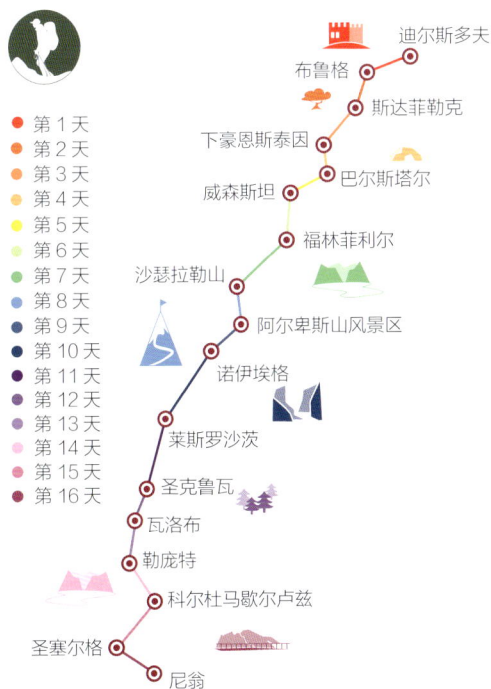

- 第 1 天
- 第 2 天
- 第 3 天
- 第 4 天
- 第 5 天
- 第 6 天
- 第 7 天
- 第 8 天
- 第 9 天
- 第 10 天
- 第 11 天
- 第 12 天
- 第 13 天
- 第 14 天
- 第 15 天
- 第 16 天

迪尔斯多夫
布鲁格
斯达菲勒克
下豪恩斯泰因
巴尔斯塔尔
威森斯坦
福林菲利尔
沙瑟拉勒山
阿尔卑斯山风景区
诺伊埃格
莱斯罗沙茨
圣克鲁瓦
瓦洛布
勒庞特
科尔杜马歇尔卢兹
圣塞尔格
尼翁

第 43 页图：迪尔斯多夫区的一座小村庄波佩尔森。村庄里的每一个家庭都有责任维护所在区域内的公共财物。

第 44 页图：秋色中位于比尔湖湖畔
的葡萄园。前景是圣彼得岛，背景
是伯尔尼州的利格尔茨。

第 45 页上图：阿尔高州布鲁格的历
史中心和阿勒河。阿勒河是流经瑞
士河流中最长、最重要的河。

第 45 页下图：布鲁格的旧建筑。在
周边地区，您可以在保护区的河畔
公园漫步，也可以沿着有路标的小
道骑行。

▶ 生态小贴士

请勿留下任何垃圾，将垃圾
投入垃圾箱。在游览过程中，请
尊重当地居民和当地环境。谨记：
您是一位客人。徒步的小道常常
穿过牧场，牧场上若有牛群，特
别是有小牛时，请明智地保持距
离。时刻牢记，保护动植物，保
护大自然，保护风景。

实用网址

mysswitzerland.com/en
www.schweizmobil.ch/en/hiking-in
-switzerland/route/etappe-01210.html
www.myswitzerland.com/en/
experiences /route/jura-crest-trail/

第 1 天：迪尔斯多夫—布鲁格

从迪尔斯多夫车站出发，穿过葡萄园，来到雷根斯堡和汝
拉山山峰之一勒根。继续前行，到达巴登和哥本斯托弗角。在
这里，您可以看到护城城堡和汝拉山脉的壮丽景色。有 3 条河
流在哥本斯托弗角下汇合，它们分别是罗伊斯河、利马特河和
被称为瑞士"水堡"的阿勒河。小道经过哥本斯托弗角，通往
布鲁格。您将在布鲁格过夜。

第 2 天：布鲁格—斯达菲勒克

穿过布鲁格的老城后，您将取道前往瑞士最古老的一棵椴
树所在地，这棵椴树种植于 800 年前，是许多远足之旅的起点。
穿过一片榉树林，就到了斯达菲勒克，您将在这里过夜。

第 3 天：斯达菲勒克—下豪恩斯泰因

今天的行程要跨过 5 个山区隘口，即斯达菲勒克、班克尔
约赫、萨尔赫、沙夫马特和下豪恩斯泰因。到第 3 个隘口萨尔
赫时，您需要停下来休整片刻。第 5 个隘口下豪恩斯泰因是您
将要留宿的地方。

第 4 天：下豪恩斯泰因—巴尔斯塔尔

早晨，沿着小路开始攀爬，沿途您会看到带有纹章的石头、

涂鸦和"二战"时期的旧掩体。沿着小路继续穿过树林，到达巴伦维尔，最好在这座村子里的饮水处把水壶加满。过了提夫马特之后，沿着一条大约有 100 级台阶的小路走到洛根沙纳茨，再继续前行，您就到达了海拔将近 1000 米的黑烟峰，在这里，高原全景尽收眼底。在山谷谷底有巴尔斯塔尔及城堡等着您，这也是今天行程的终点。

第 5 天：巴尔斯塔尔—巴尔姆堡

今天行程的首个目的地是赫尔奇普夫利峰，经过一段陡峭的攀爬之路，穿过森林和牧场即可抵达。今天的最后一段上山之路是通往海拔 1284 米的威森斯坦峰，这是索勒塔州的天然观景台。您将在山边的巴尔姆堡过夜。

第 6 天：巴尔姆堡—福林菲利尔

您将要征服的是今日行程中的最高峰——海拔 1445 米的哈森马特山，您将在山谷看到比尔湖。接下来您将到达越过瑞士德语区与法语区边界后的第一个落脚点——普拉格尼。从普拉格尼再继续步行约 1 个小时即可到达福林菲利尔，您将在这里吃饭、住宿。

第 7 天：福林菲利尔—沙瑟拉勒山

小道的坡度很陡，通往莱斯科佩里斯，继续沿着比尔湖上方的小道前行，到达伯尔尼州汝拉山脉的最高点——海拔 1606 米的沙瑟拉勒山峰。沿途有许多小旅馆，您可以随心所欲地选择住处。在沙瑟拉勒山，您可以尽享三湖地区的美景，如果天气晴好，您还可以欣赏到从布兰克山至森蒂斯山这一段阿尔卑斯山脉的风景。

第 8 天：沙瑟拉勒山—阿尔卑斯山风景区

从沙瑟拉勒山出发，您将持续走下山小道，然后到达冬季运动景区勒佩奇尔。过了这个景区，您将再次走上山小道前往阿尔卑斯山风景区附近的阿明山峰，这是今天行程的终点，您将在此过夜。

第 9 天：阿尔卑斯山风景区—诺伊埃格

今天行程中要翻越的第一座山峰是海拔 1400 米的拉辛

旅行小贴士

前往时间：最佳时间为 4 月至 10 月。

前往方式：离目的地最近的国际机场是苏黎世国际机场，您可以从苏黎世乘坐约半小时的火车或约 20 分钟的小汽车到达迪尔斯多夫。

携带行李：我们建议携带可以保护脚踝的高帮橡胶底徒步靴。必须带上防晒衣、雨衣及保暖衣物，因为山里的天气可能会很恶劣，也许突然变天。带上急救箱、恒温毛毯和手机等以备急用，还要带上水壶和能量棒。另外，带上一张最新地图会很管用。

第46页图: 马蹄谷。垂直的峭壁(高160米)像给这片山谷(长4千米,宽1千米)戴上了一顶皇冠。这是整条小道中最重要的行程之一。

第47页上图: 横跨峡谷的一座石桥。

第47页下图: 鸟瞰日内瓦湖畔古城尼翁。尼翁地处日内瓦和洛桑之间,位于拉科特葡萄园的中心。尼翁颇受水上运动爱好者和大自然爱好者的欢迎。

山,第二座山峰是托特德兰山。下山后,您将到达大萨格洛伊勒酒店,该酒店在马场附近开有一家饭店。继续前行,到科迪拉图,然后沿着小道穿过罗赫斯迪达布勒特斯森林,这里的洛伊沙特尔湖景十分迷人。沿着小道走一段陡峭的下坡路,最终到达今日行程的终点诺伊埃格。

第10天: 诺伊埃格—莱斯罗沙茨

今天您将要攀爬马蹄谷。清晨,当第一缕阳光穿透薄雾,空气中笼罩着一种奇妙的氛围。这座半圆形的山风景如画,看起来就像一个由垂直岩石形成的圆形剧场,大约有1600米宽,500米深,这是这条小道上最重要且最令人兴奋的一段行程。穿过牧场,来到住宿目的地莱斯罗沙茨。

第11天: 莱斯罗沙茨—圣克鲁瓦

这条小道从莱斯罗沙茨经森林和田野通往查西龙峰,您可以在这里俯瞰沃州美景,它是瑞士最壮观的景色之一。在

这个天然的观景台上，您还可以欣赏到洛伊沙特尔湖景。随后，您将到达世界音乐盒之都——圣克鲁瓦，并将在此留宿。

第 12 天：圣克鲁瓦—瓦洛布

这条小道从这里直插入原始大森林，延伸至格朗纽夫小屋。您继续在森林中穿行，尽情享受勒苏赫特峰下的美景，北有洛伊沙特尔湖的风光，南有日内瓦湖的美景。沿着小道一路下山来到巴尔莱格斯，再沿着奥贝河前行，穿过勒日高架桥，爬上瓦洛布站。瓦洛布站是瑞士与法国边境的一个重要铁路和公路枢纽。您将在此过夜。

第 13 天：瓦洛布—勒庞特

早晨，离开瓦洛布沿小道爬山至登特迪沃利翁。您的脚下是茹湖，最高峰是您的目的地勒庞特。在勒庞特，有一条湖边林荫道。您可以在此用餐和住宿。

第 14 天：勒庞特—科尔杜马歇尔卢兹

沿着昨天相同的道路继续前行至滕德山，极目日内瓦湖景色，布兰克山、阿尔卑斯山和弗格森山的美景也尽收眼底。接下来，您走下山小道向科尔杜马歇尔卢兹进发。科尔杜马歇尔卢兹是连接茹湖和日内瓦湖葡萄种植区的一个隘口。在山谷谷底，您可以瞥见小道的终点尼翁。

第 15 天：科尔杜马歇尔卢兹—圣塞尔格

从科尔杜马歇尔卢兹出发，一路上山，经汝拉山谷至日内瓦湖，沿途美景一览无遗。随后下山前往今天行程的终点圣塞尔格，您将在这里过夜，顺便还可以欣赏阿尔卑斯山、日内瓦湖和布兰克山的风景。

第 16 天：圣塞尔格—尼翁

今天行程的第一站是德勒石堡，如果您比较幸运，或许能看到岩羚羊。然后您会来到科尔迪山口和瞭望台。过了德勒石堡，走小道穿越森林，经过博门特高尔夫球场和一座农场，就到了小道的终点——日内瓦湖边的尼翁。

渔民小道

葡萄牙位于欧洲的最西南端，在古代被称为"天涯海角""世界尽头"。这里是当时已知大陆的终点、浩瀚海洋的起点。与这段传奇历史齐名的还有 800 千米的海岸线，可俯瞰大西洋，还有历史悠久的村庄、美丽的建筑、美妙的音乐、可口的美食和香醇的美酒。如今，所有这些都吸引着无数游客。

由于其多样的美景和多变的气候，旅游业成为葡萄牙的经济支柱产业。其中，生态旅行业经济增长最快。这里有徒步步道、骑马道和自行车道，还有适合不同旅行者的葡萄牙历史、文化和自然美景的发现之旅。葡萄牙的许多国家公园保护着这里的自然景观和人文景观，阿连特茹和维森蒂娜海岸自然公园是欧洲保存最完好的海岸线之一。

这条海岸线上的渔民小道是罗塔比森蒂娜的一部分。罗塔比森蒂娜是一条历史悠久的小道，横跨阿连特茹和阿尔加维地区，总长约 400 千米。这条徒步步道沿着海岸通向海滩和渔村，在波尔图科沃到奥德塞克斯的这一段小道上，可以从大西洋沿岸的峭壁上俯瞰最令人兴奋的景色。虽然路途没有大的起伏，但这趟远足需要健康的体魄，因为要经常在沙滩行走。渔村、当地特产菜肴，以及沙丘、广阔的沙滩和小海湾等原始海洋景观都将吸引游客。

第 48 页图： 锡尼什拥有葡萄牙最大的港口，是该国主要的沿海物流中心之一。

波尔图科沃
米尔丰特什新镇
阿尔莫加维
赞布热拉德马尔
奥德塞克斯

● 第 1 天
● 第 2 天
● 第 3 天
● 第 4 天

起点： 波尔图科沃

终点： 奥德塞克斯

全程： 75 千米

时间： 4 天

难度： 易（但要求身体健康）

住宿： 帐篷、酒店、出租屋

第48—49页： 渔民小道边形态各异的岩石就像各种情状的动物匍匐在海水中。

生态理由： 沿途您有时能够看到非同寻常的自然景观，比如栖息在崖壁上的水獭和鹳（此为世上独一无二的风景）。

前往时间: 9月至次年5月的淡季。

前往方式: 您可以从里斯本波尔特拉机场乘坐大巴到达距离机场约170千米的波尔图科沃。

携带行李: 帐篷和睡袋。长裤和外套等轻便服装(在穿越矮树丛时可防止被划伤),可保护脚踝的高帮徒步靴。建议穿上鞋套以免鞋子里进沙,徒步登山杖也很有用。戴上防风耳套和围巾挡风。帽子、太阳镜和防晒霜;水壶(冬天至少装2.5升水,夏天则需更多),因为沿途没有饮用水。急救箱、创可贴、防蚊液,以及用于处理轻伤的止痛药和消炎药。相机和摄影装备防水包。母语地图和旅游指南。

第1天:波尔图科沃—米尔丰特什新镇

从白墙红瓦的小渔村波尔图科沃出发,沿着蓝绿色的路标向南行走。第一天,沿着沙滩行走在延绵的伊尔哈多佩塞盖罗、艾瓦多斯和普拉亚多马尔豪沙丘上。路程遥远,加之是沙地,这段行程让人十分疲惫,但您可以探索、发现这片人迹罕至的海边的独特风景。晚上,您到达米尔丰特什新镇,并在那里安营扎寨。

第2天:米尔丰特什新镇—阿尔莫加维

在今天行程的第一段,您可以欣赏到米尔丰特什新镇及其建于16世纪的城堡的全景。在这里,米拉河自南向北流经维森蒂娜海岸自然公园后汇入大西洋。您在沙滩上继续行走,最后抵达阿尔莫加维,结束一天的行程,入住酒店里提前预订的房间。

第3天:阿尔莫加维—赞布热拉德马尔

阿尔莫加维是一个静谧的地方,有美丽的海滩,是自然公园的一部分,您可在这里尽情游览。一路上,您会路过一

些小渔港、怪石嶙峋的海岸，以及看上去有点儿像火星地貌的红色沙丘。您还可以看到难得一见的在悬崖上筑巢的鹳。最后，您将到达赞布热拉德马尔，并在此搭帐篷过夜。

第4天：赞布热拉德马尔—奥德塞克斯

今天的行程不像前几天那样有挑战性，一路穿越奥得里涅斯、卡瓦哈尔、马哈多斯和阿马利亚等海滩，来到阿泽尼亚什村。您可以欣赏一路上的奇特景观。此行的终点奥德塞克斯位于塞克河河口，有着这片海岸上最美的海滩之一，是十分受欢迎的独木舟划行地，也是您经过长途跋涉之后理想的休憩之地。

► **生态小贴士**

不要沿途破坏或收集小道边上的植物或岩石标本，不要留下垃圾或其他到访过的痕迹（例如留下的厕纸需要很长时间降解）。走在小道上，不要破坏或涂改路标。不要使用明火或乱扔烟蒂。请保持各处的门如您到访时一样的开关状态。时刻注意尊重私人财产及热情好客的当地人。

实用网址

visitportugal.com/en
portuguesetrails.com/en
pousadasjuventude.pt/pt/pousadas /
almograve

第50页上图：沿途的许多海湾都是半月形的。在整个徒步过程中，大多数路程是在沙滩上完成的，您要有所准备。

第50页下图：赞布热拉德马尔。这个坐落在悬崖上的小渔村看起来像是悬在海上，它是阿连特茹海岸最美的风景之一。

第50—51页图：奥德塞克斯海滩。有悬崖和地中海灌木丛做天然屏障，这片海滩是冲浪者的天堂。该海滩与距离其约3.5千米的一座小村庄同名。

"土匪"小道

起点：甘巴里
终点：斯蒂洛／比翁吉／塞拉圣布鲁诺
全程：140 千米
时间：7 天
难度：易／中
住宿：庇护所、酒店、宾馆、度假农庄

在意大利南端，卡拉布里亚被爱奥尼亚海和第勒尼安海包围。在这片迷人的土地上，有绵延的四周环山的翠绿色海岸，有卢坎尼亚和卡拉布里亚亚平宁山脉，还有塞拉、阿斯普罗蒙特和锡拉等高原。这片岩石宝藏之地有待您去探索，这里的森林面积远远超过了意大利南部其他地区，其内陆地带虽然原始、粗犷，但水资源丰富，许多地方用于耕作和放牧。

探索发现卡拉布里亚的方法之一是沿着"土匪"小道行进。这条小道作为一条主题小道被纳入意大利阿斯普罗蒙特国家公园计划，小道上有阿斯普罗蒙特徒步团布设的路标。这条小道之所以有如此独特的名字——"土匪"小道，是因为历史上当地的一些叛军或土匪会在这片山上藏身。这条路线沿着以生物多样性著称的阿斯普罗蒙特国家公园和自然保护区塞拉地区自然公园之间的山脊延伸。

第 52 页上图： 位于阿尔托阿斯普罗蒙特的森林，以树木种类多、森林规模大及历史悠久而闻名。

第 52 页下图： 从西西里海峡一端可以眺望到海边的梅西纳城。从圣乔瓦尼镇乘坐轮渡可到达该城。

第 53 页图： 阿门多尼亚瀑布（又称"梅萨诺"）有 3 层水层，每一层都止于因水流长期冲刷而形成的洞穴。这是一道令人印象深刻的风景。

克罗斯费拉塔
塞拉圣布鲁诺
蒙吉安娜
斯蒂洛
利梅纳
卡诺洛诺法
卡梅里亚
泽尔沃
甘巴里

● 第 1 天
● 第 2 天
● 第 3 天
● 第 4 天
● 第 5 天
● 第 6 天
● 第 7 天

生态理由： 这条小道上留下了当地各个时期叛军、强盗和逃亡者的足迹，所经之处自然风光无限。这片土地非常纯朴，这些长期以来被认为充满"敌意"的不可逾越的大山将会给您意想不到的热情拥抱。

第 1 天：甘巴里—卡梅里亚

甘巴里是小道的起点，也是一个旅游景点。在这里，您可以在海拔 1800 米的山上滑雪，尽情欣赏梅西纳海峡的壮丽风景。甘巴里是阿斯普罗蒙特国家公园总部所在地。您在森林中穿行，在陡峭的山路上爬上爬下，沿着小道向圣埃乌费米亚达斯普罗蒙泰进发，那里有纪念朱塞佩·加里波第的陵墓。继续穿过一片榉树林，到达马索格罗索。今晚您将在卡梅里亚的 2 号比安科斯皮诺庇护所过夜。

第 2 天：卡梅里亚—泽尔沃

清晨，您离开卡梅里亚向泽尔沃出发。泽尔沃是 20 世纪 20 年代为肺结核患者所修建的一所疗养院。如今，这里成了徒步者的旅馆。

第 3 天：泽尔沃—卡诺洛诺法

在今天的行程中，您将进入"死人谷"，这是阿斯普罗蒙特一个偏远而闭塞的地方。

前往时间： 最佳时间为4月至10月。

前往方式： 距离甘巴里最近的机场是雷焦卡拉布里亚机场。机场距离甘巴里30千米，可乘坐小汽车前往。

携带行李： 睡袋、徒步靴、能保护手臂的长袖、能保护腿的长裤、帽子、太阳镜、防晒霜、急救箱、治疗轻伤时所需的止痛药、消炎药、头灯、矿物质补充剂、防蚊液、水壶、食物。

第54页上图： 圣洛伦佐附近的橄榄园。圣洛伦佐是卡拉布里亚的一座村庄，位于梅里托河和阿曼多利亚河之间。

第54页下图： 斯蒂洛是意大利最美丽的村庄之一，坐落在康索里亚诺山脚下。斯蒂洛森林是典型的卡拉布里亚地区森林。

第55页图： 斯蒂洛大教堂是一座面积不大的方形拜占庭式教堂，建于10世纪，是一直统治到11世纪的拜占庭帝国的见证。

同许多其他地名一样，这个地名让人想起当地人与当地大山之间存在的长达几个世纪的矛盾关系。经过公元前72—前71年的罗马遗迹斯巴达克斯城墙之后，您便来到商业隘口，这是山脊上的一个十字路口，南来北往的路在此交会，爱奥尼亚海和第勒尼安海也在此交汇。再往前走大约1.6千米，就来到了卡诺洛诺法。卡诺洛诺法小镇是在山上重建的：其历史与许多被废弃后在海边重建的山区村庄恰好相反。今天，您将在卡诺洛诺法过夜。

第4天：卡诺洛诺法—利梅纳隘口

在这段行程中，您将从卡诺洛诺法来到利梅纳隘口。利梅纳隘口海拔822米，它是阿斯普罗蒙特山脉和卡拉布里亚塞拉山脉边界的标志。在高原上，有圣尼科德莫圣所，是人们一年四季的朝圣之地。距离这里不远处是凯尔拉拉纳山的一个三岔路口，分别通往爱奥尼亚海、第勒尼安海和圣所。今晚您将在圣尼科德莫农场过夜。

第5天：利梅纳隘口—克罗斯费拉塔隘口

今天的行程都在山脊上。东边是爱奥尼亚海岸，西边是第勒尼安海岸和焦亚陶罗平原。穿过卡拉布里亚塞拉山脉繁茂的榉树林，便到达克罗斯费拉塔隘口，这是山区的一个十字路口，您将在这里过夜。

第6天：克罗斯费拉塔隘口—蒙吉安娜

这条小道继续穿过卡拉布里亚塞拉地区自然公园，沿途有独特的乡村风景，随处可见小桥、流水、磨坊、玉米地、母鸡，还能看到石头农场帕基亚里。然后，您将来到一座海拔1000米的山区小镇法布里奇亚，您可以品尝到当地美食，如蘑菇、玉米面包（比萨塔）和腌肉。最后，您将抵达今天行程的最后一站——蒙吉安娜。蒙吉安娜曾经是重要的工业中心之一，因为这里有铁、皂石、丰富的水资源，以及钢铁厂所需的榉树林和栗树林。当地有一项传统工作——烧炭，矿工开采出未经酸雨淋过的气味芳香的优质树木，并生产出珍贵的高品质木炭，这些木炭被销往意大利和俄罗斯的高级餐馆。由于这项工作十分辛苦，现在已经消失了。在蒙吉安娜附近，自然番红花保护区保护着一片非常重要的林地。

第 7 天：蒙吉安娜—斯蒂洛 / 比翁吉

从蒙吉安娜出发前往斐迪南，这是西西里国国王斐迪南二世在 1800 年左右建立的一家铸造厂。它旁边是斯蒂洛大森林，森林里主要有榉树、冷杉、石楠和冬青。随后，在一片圣栎硬木林中，您会发现纳尔多迪帕切巨石，这是 6000 年前一项鲜为人知的巨型工程——意大利巨石阵，于 10 多年前被偶然发现。据目前研究发现，这些巨石的形成似乎是一种自然现象。继续向斯蒂洛前进，就会看到拉卡托利卡，这是康索利诺山脚下小镇附近的一座小教堂，它是拜占庭帝国辉煌历史的美丽见证。该镇的其他重要景点还有建于 1000 年的诺曼城堡及圣玛丽亚德拉格罗塔圣所。此次徒步的最后一站是山区小镇比翁吉，以美酒和爱奥尼亚海景而闻名。

另一种选择

第 7 天：蒙吉安娜—塞拉圣布鲁诺

除了斯蒂洛和爱奥尼亚海岸，您还可以选择内陆作为终点。从蒙吉安娜出发，穿过阿奇弗洛森林中高大的银杉树和古老的榉树树林，到达终点塞拉圣布鲁诺。在这里，您可以看到意大利最重要的修道院之一。

生态小贴士

在此次山间徒步中，要养成随手带走垃圾的习惯，并在适当的时候将其扔进垃圾箱内。

实用网址

italia.it/en
turiscalabria.it
sentierodelbrigante.it
rifugioilbiancospino.it
tenutasannicodemo.com
zervo.jimdo.com
museocertosa.org

戈佐海滨小径

戈佐岛是马耳他的一部分。马耳他群岛位于地中海，在南欧和非洲之间，由3个主要岛屿组成，即戈佐、马耳他和卡米诺。

马耳他这个国家的历史可以追溯到公元前5000年，被联合国教科文组织列入世界文化遗产的新石器时代的吉甘提亚巨石寺庙建筑群是马耳他的历史见证。

戈佐岛是一座被波光粼粼的大海环绕的葱茏的岛屿，是潜水的理想之地。为了保护这些自然奇观，当地政府遵循"绿色"理念，保持陆地和海洋的清洁，开发了收集和保存雨水的新方法，并且使用可再生能源。

这条戈佐海滨小径不仅拥有令人惊叹的美景，还有考古和文化宝藏。这条环行小道沿着海岸蜿蜒，非常安全，身体健康的人都可以根据自己的时间安排来这里漫步。

第56页图：纳杜尔和卡拉之间的老磨坊。戈佐岛上有13座磨坊，建筑基底通常为方形或矩形，主体为圆柱形。

圣劳伦茨　马萨尔福恩

克伦迪

慕加尔

- 第1天
- 第2天
- 第3天
- 第4天

起点： 慕加尔

终点： 慕加尔

全程： 50 千米

时间： 4 天

难度： 中

住宿： 农舍、酒店、民宿、旅馆

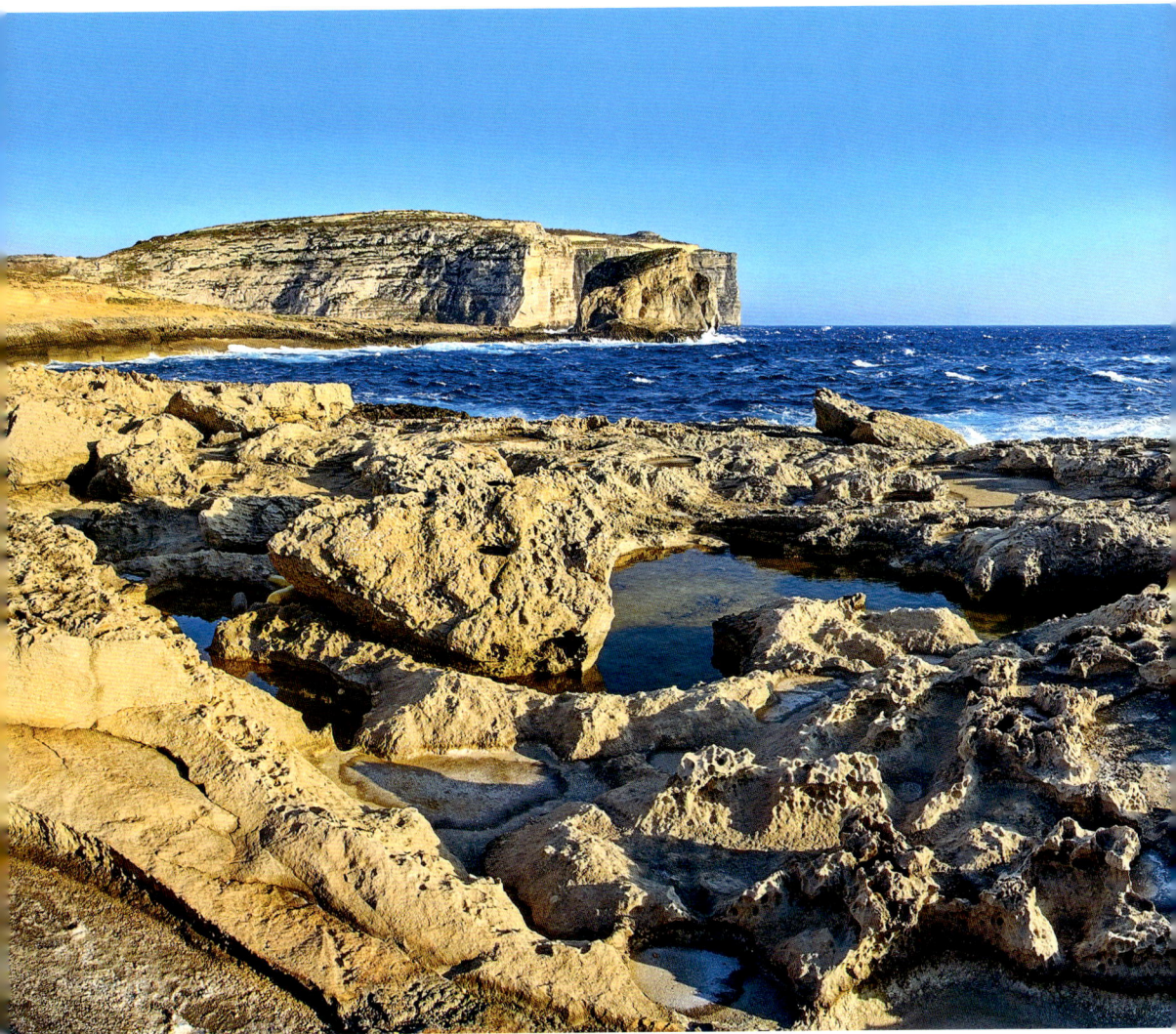

第 56—57 页图： 德怀拉石湾上的塔楼还被用于防止未经允许的个人擅自进入菌岩去采摘马耳他菌类，因为这些菌类品质非凡。

生态理由： 戈佐岛海岸漫步是马耳他政府组织的"生态戈佐"项目的一部分。该项目是一个可持续发展项目，旨在保护景点，推动该岛建成生态旅行目的地。"生态戈佐"通过让游客与当地居民接触来认识和了解当地文化。

第 1 天：慕加尔—克伦迪

从慕加尔渡口开始漫步，沿着与海岸平行的一条小道前行，您将会看到壮观的尚布雷堡。随后到达一个观景点，从那里可以欣赏到卡米诺岛的美景。沿着海岸的这条小道通往 ix-Xatt l-Ahmar 入海口的古晒盐场。再往前走一点就到炮台了，这是马耳他骑士团设计的一种用石头凿成的迫击炮，用于向逼近的敌舰发射大量的石头。这片清澈的海域是进行水肺潜水的理想场所。沿着美丽的慕加尔 Mgarr ix-Xin 漫步，来到海滩，您可以在这里游泳，在柽柳树下休息。这个与世隔绝的地方是各种动物栖息、植物生长的家园。沿着小道前行，会经过一个海角，您继续沿着悬崖上的一条小路向克伦迪塔前行。跨过一座石桥，就到了风景如画的小渔村克伦迪。克伦迪以其美丽的海滩、洞穴和水肺潜水胜地而闻名。今晚您将在此地过夜。

第 2 天：克伦迪—圣劳伦茨

从克伦迪出发，取道前往戈佐岛首府维多利亚。大约步行800 米，您将走上通往凯尔切姆村边缘一条蜿蜒崎岖的山路，沿途路过威德伊尔伦察塔山谷中如茵的草地。随后，到达圣卢西亚小镇，然后是塔萨拉福禄淡水池。在瓦迪加角又回到海岸，然后沿着海边的悬崖继续愉快地漫步。接着，来到普尼克圣所，又称"神庙"。这是一座具有 2500 年历史的黄色石灰岩建筑，据说供奉着塔尼特女神。这条小道上还有壮丽的德怀拉海湾和菌岩美景。德怀拉地区有许多灰岩坑，其中最大的是内海，一个形成于数千年前的盐水池，通过穿越陡峭悬崖上一条长 70 米的隧道与大海相连。您可以在这片天然的泳池中来一次畅

旅行小贴士

前往时间： 9 月中旬至次年 6 月中旬。

前往方式： 乘坐飞机到马耳他，然后乘坐轮渡到距离机场 27 千米的斯科瓦，然后再到戈佐岛的慕加尔。也可以从地中海主要港口乘坐轮渡前往。

携带行李： 徒步鞋、舒适的衣物、泳衣、太阳帽、太阳镜、防晒霜、水壶、急救箱、创可贴、处理小伤口用的止痛药、消毒水、防蚊液、母语地图等。

游。沿着海岸继续前行，来到水肺潜水理想之地——蓝洞。蓝洞深 15 米，宽 10 米，通过一条隧道与外海相连。小道沿途有许多当地特有的植物，最具特色的是蜡菊，它只生长在戈佐岛西部悬崖上和菌岩自然保护区里。经过采石场，然后上山来到圣劳伦茨村及其教区教堂。

第 3 天：圣劳伦茨—马萨尔福恩

今天的行程将从圣劳伦茨教堂出发，向附近的加布村和麦当娜二世塔兹泽特教堂前行。向内陆前进，一路上会经过一些被翻新过的农

舍和被精心呵护过的小田地。路边的一座小山上有壮观的塔戈丹灯塔，再往前走一点就是圣迪米特里教堂。接着，这条小道又通向了海岸边，海边有被风化的岩石，然后向前一直通向神奇的威德伊尔米拉山谷。

沿着小道蜿蜒向东，您可以欣赏到壮观的悬崖和巨型洞穴。继续向前，您将来到一座峡谷，峡谷的尽头是雄伟的威德伊尔加斯里峡。继续沿着海岸来到一片古老的盐沼。这个巨大的人工盆地、贮水池和运河群是在石灰岩平台

生态小贴士

严禁采摘野花野草，因为有
些植物属于珍稀物种，濒临灭绝。
请务必沿着有标识的道路行进，
不要从田地里或私人房前屋后抄
近道走。

实用网址
visitmalta.com/en
visitgozo.com ≠ ≠

上手工挖掘出来的，其中一些贮水池至今仍被用于生产海盐。
最后，您将来到奎尼湾和滨海城市马萨尔福恩，并将在此地过
夜。

第 4 天：马萨尔福恩—慕加尔

这是整个行程中最长、最具挑战性的一段路。向卡吕普索
洞穴出发，这是荷马在《奥德赛》中提到过的女神卡吕普索的
家。从洞穴上方的平台和洞口俯瞰大海，景观令人叹为观止。
拉姆拉湾的红色海滩同样让人印象深刻：在海滩后面，有沙堡，
是戈佐岛和马耳他岛上特殊群落遗迹的最好见证。从这里开始，
您将走向内陆。沿途，您将看到为农民在田间地头遮风蔽日的
高大芦苇丛。站在山顶上，肥沃的圣布拉斯山谷的壮丽景色一

览无遗。这条小道穿过郁郁葱葱的柑橘园，向山下延伸，随后又通向高处的纳杜尔村附近。沿着海岸继续前行，您就会看到圣布拉斯塔。该塔建于1667年，是戈佐岛和马耳他岛海岸防御工事的一部分。在陡峭的山崖下，小路沿着巨石蜿蜒，穿过翠绿的植被，通向达勒特乔罗特海湾。这个小海湾被渔民加以利用，他们在这处石灰岩悬崖上凿出储藏室。您到达卡拉村后，就会看到圣灵感孕教堂，其古老的墙上承载着历史的涂鸦。小道一路蜿蜒，经过另一座教堂后通向洪达克湾，这里的海景无与伦比。沿着海滩向西前行大约1.6千米后，您就返回了慕加尔。在最后的这段行程中，您可以欣赏到一些小的入海口——卡米诺岛及其蓝色潟湖。

第60—61页图：威德伊尔加斯里湾，一条300米的小海湾，有蜿蜒的入口，两岸是高耸陡峭的悬崖，令人印象深刻。狭小的海滩没有给游泳者留出太多的空间。

第61页上图：克伦迪湾上的一个洞穴，这里也以游泳、潜水而闻名。

第61页下图：可经由狭窄的小道和石级台阶前去观赏克伦迪湾。

安德罗斯干线

第62—63页图： 安德罗斯首府乔拉风景。镇上这片最古老的地区位于伸向海湾中心的狭长的半岛上。半岛的尽头有一座岛，岛上有一座已成废墟的威尼斯城堡。

第63页图： 连接小岛和大陆的一座拱桥。远处是立在海中一块岩石上的一座灯塔。

希腊包括三个主要的地理区域：大陆、伯罗奔尼撒半岛，以及分布在爱琴海和爱奥尼亚海的约6000座岛屿。在希腊群岛中，最重要的群岛之一是基克拉迪群岛，其中安德罗斯岛是其最北端的岛屿。安德罗斯岛以山为主，四周环绕着海滩，有山谷、水道和美丽的风景，游客稀少，是徒步旅行者的理想目的地。岛上有多条徒步路线，安德罗斯干线为其中之一。2015年，安德罗斯干线被欧洲漫步者协会授予"欧洲最佳步道"称号。从北到南，徒步路上的自然风光和重要纪念碑都将唤起我们内心最深沉的情感。该路线避免了传统路线中的两段行程，徒步者不会两次到访同一个地方。由于岛上的徒步路线非常丰富，所以完全有可能规划出一条个性化的路线。

起点： 弗劳西

终点： 迪波塔马他

全程： 72 千米

时间： 8 天

难度： 中 / 难

住宿： 民宿或单间房（配有炊具的单间房）

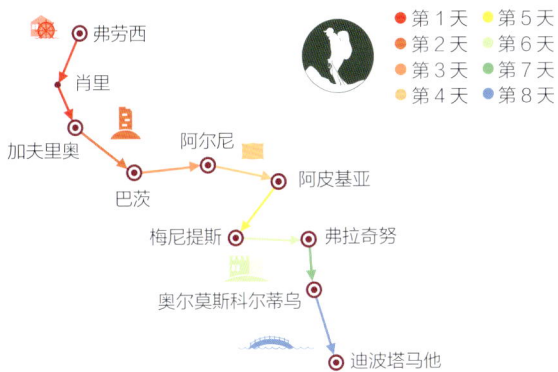

● 第 1 天	● 第 5 天	
● 第 2 天	● 第 6 天	
● 第 3 天	● 第 7 天	
● 第 4 天	● 第 8 天	

弗劳西

肖里

加夫里奥

巴茨

阿尔尼

阿皮基亚

梅尼提斯

弗拉奇努

奥尔莫斯科尔蒂乌

迪波塔马他

生态理由： 安德罗斯干线将研究与环保活动融为一体，促进了岛上当地文化和可持续旅游业的发展，其主要目的是记录、保护和改善安德罗斯境内的旧徒步旅行路线。其中，近一半的路线位于重要的自然保护区内，那里有许多特有的珍稀动植物物种。

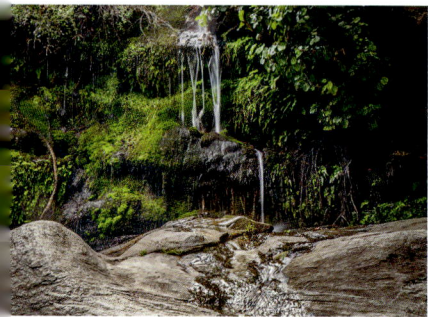

旅行小贴士

前往时间： 除了 7 月和 8 月，全年其他月份都可以前往。

前往方式： 从雅典国际机场乘坐大巴或出租车到距离机场 30 千米远的海边城市拉斐那，然后从拉斐那乘坐轮渡至 26 千米之外的加夫里奥，再从加夫里奥乘坐出租车到 8 千米远的弗劳西。

携带行李： 同大多数的徒步旅行一样，最好带上舒适的、不同厚度的衣物。建议带上防水徒步靴，便于穿越小溪流。此外，还需要携带的物品有：水壶、帽子、太阳镜、防晒霜、泳衣、急救箱、创可贴、处理小伤口时所需的止痛药、消毒水、防蚊液，以及该岛的地图和旅游指南。

第 1 天：弗劳西—肖里—加夫里奥

徒步旅行从安德罗斯北部探险开始，从古老的村庄弗劳西出发。一路上，您会欣赏到各种美景，教堂、树木繁茂的峡谷、饱经沧桑的橄榄树、石头建筑和水磨坊。到达肖里后，再继续前行半小时便到达加夫里奥。加夫里奥是安德罗斯的一个港口，地处海湾之中，被保护得很好。您将在这里过夜。

第 2 天：加夫里奥—巴茨

您将从加夫里奥返回肖里。今天，您行程的起点和终点都在西海岸，中途会绕行到内陆高地。沿着这条道走，您将来到美丽的村庄圣彼得罗斯，村里有一座壮观的希腊风格的塔。从这里您可以看到加夫里奥、基克拉迪群岛中最古老的修道院之———森严的阿吉亚修道院，以及美丽的圣彼得罗斯和巴茨海湾。从圣彼得罗斯村出来，沿着小道下山，向今日行程的终点巴茨前行。

第 3 天：巴茨—卡塔基洛斯—阿尔尼

在今天的行程中，您将从海边向内陆山区行进。小道沿途风景变幻莫测，树木丛生的安德罗斯山谷中有葱翠的草地，也有峡谷。来到卡塔基洛斯村后，您还需要非常小心地穿越三条美丽的峡谷才能到达今天行程的终点阿尔尼，您将在此地过夜。

第 4 天：阿尔尼—阿皮基亚

早晨，您将踏上安德罗斯岛最令人兴奋的道路之一。这条路的一部分沿着岛上的最高峰——海拔 995 米的库法拉山山脊延伸。从阿尔尼山谷向东进发，一路经过佛科提、卡塔卡雷和阿皮基亚等村庄。沿途的森林、村庄、海景及山景不断变换，让这条道路令人难以忘怀。但如果遇到多云或大风天气，最好不要走这条路。

▶ **生态小贴士**

沿途您会遇到简易的大门或用于保护田地或山羊的金属栅栏，通过这些大门或栅栏之后，请使其保持原样。安德罗斯干线沿途有许多可以直接饮用的泉水和河水，它们都有清晰的标识。

实用网址

visitgreece.gr
andros.gr/en

今天行程的终点是阿皮基亚，您将在此地过夜。

第 5 天：阿皮基亚—梅尼提斯

今天的行程是沿着另一条迷人的小路去探索安德罗斯首府乔拉周边苍翠的村落。沿途，您会经过耶普西楼村和拉姆耶拉村。在鹅卵石

铺就的小道上穿过繁茂的果园，泉水潺潺，一路上的风景让这条小路四季宜人。今天行程的最后一站是佩塔罗山上一座泉水资源丰富的小村庄梅尼提斯。

第 6 天：梅尼提斯—弗拉奇努

早晨，从梅尼提斯出发，在前往迷人的地中海小村庄梅萨里拉的途中，您会看到许多水磨坊。经过梅萨里拉继续向安德罗斯的第二高峰——海拔 720 米的哥拉科纳斯山前行。沿途您将经过斯泰基奥梅尼石拱桥和森严的帕纳科拉多修道院。在这里，您可以欣赏到大河谷的美景。最后，您将到达今天行程的终点弗拉奇努村。

第 7 天：弗拉奇努—奥尔莫斯科尔蒂乌

今天，您将行经该岛的中部和南部，一路领略其最重要的农业遗产，以及哥拉科纳斯山和拉奇山脉丰富多样的生物。随后，小路向山下延伸到海边的渔村奥尔莫斯科尔蒂乌，从这里您可以欣赏到米洛斯湾美景。您将在此地过夜。

第 8 天：奥尔莫斯科尔蒂乌—迪波塔马他

在行程的最后一天，您将从奥尔莫斯科尔蒂乌启程，经过一直延伸至安德罗斯南部的乡村内陆，到达迪波塔马他。您所穿越的山谷中有一条古老的鹅卵石路，直到 20 世纪 60 年代，这条路一直连接着科尔提村和乔拉村。行至迪波塔马他村河边，河上有一座令人愉悦的石拱桥。在这里，你还会看到一些小教堂、马厩、打谷场和风车。迪波塔马他是欧盟官方认可的生态景点之一，只能步行通过。迪波塔马他村就是安德罗斯干线徒步行程的终点。

第 64 页上图：安德罗斯岛上的一条小瀑布。安德罗斯岛被认为是基克拉迪群岛中最"绿色"环保的一个岛。

第 64 页中图：安德罗斯岛上的一座瞭望塔。安德罗斯是基克拉迪群岛最北端的一座岛屿，仅次于那克苏斯岛，是群岛中的第二大岛屿。

第 64 页下图：沿着小道漫步的徒步者。安德罗斯是一片没有游客、未被破坏的原始之地，它呈现给您的是原汁原味的海岛风景。迄今为止，安德罗斯避开了如爱琴海等其他岛屿般的大众旅游。

第 65 页图：海边的奥尔莫斯科尔蒂乌村。附近的迪波塔马他山谷也值得一游，当地将这个自然区域变成了一个水电能源生态博物馆。

摩洛哥

起点: 舍夫沙万

终点: 巴布塔萨

全程: 56 千米

时间: 5 天

难度: 中

住宿: 民宿、帐篷

第66—67页图: 坐落在一片小山谷中的舍夫沙万。该小镇最古老的部分在山顶。在最高处,您能找到拉斯阿尔马瀑布的源头。

生态理由: 这里所介绍的旅行路线是能够最好地呈现里夫山脉的路线之一。在这条路线中,游客可与当地人密切接触,晚上可在当地人简朴的家中留宿。

从舍夫沙万到巴布塔萨

摩洛哥风景之美无与伦比，其中融合了非洲、欧洲及中东地区的元素。这个被地中海和大西洋海洋环绕滋养的非洲国家是一片神奇的地方，各种元素在这里交融，与环境形成了完美的统一。摩洛哥专门颁布了相关法规，确保旅游业的可持续性发展有章可循。在这一有利背景下，越来越多的公司和旅游目的地的环保意识得到了认可。在政府的支持下，当地组建了乡村旅游机构（如民宿、基础公寓、青年旅馆等），并对导游进行路线管理和培训。

在摩洛哥的这些地区中，丹吉尔－得土安－胡塞马大区推出了几条"零影响"旅行路线，利用其自然风光及对多样物种的保护来获益。这里有海滩、瀑布、峡谷、雪山，是海洋动物、陆地动物及候鸟的天堂。这段海岸位于大西洋和地中海之间，靠近摩洛哥最青翠葱茏的里夫山脉，春天野花怒放，是徒步的最佳时间。所有徒步爱好者都无法抵挡当地美景的诱惑。

阿克沙尔

舍夫沙万　　阿茨兰

阿波布纳尔

塔拉西姆坦

巴布塔萨

第67页图：这座蓝色的舍夫沙万小镇于1471年由安达卢西亚人和一些流亡者所建。古镇区保持了安达卢西亚镇的旧貌，街道狭窄，崎岖不平。

- 第1天
- 第2天
- 第3天
- 第4天
- 第5天

前往时间： 春季和秋季最佳。

前往方式： 飞抵丹吉尔伊本巴图塔国际机场，然后从机场乘坐大巴前往距机场约 12 千米远的舍夫沙万。

携带行李： 帐篷、睡袋、食物、水壶、徒步靴、长袖衣服、长裤、帽子、太阳镜、防晒霜、处理小伤口所需的止痛药、消毒水、解暑药和肠道药。

第 68 页左图： 一位在山区徒步的游客。最好由一位有经验的导游陪同，以便及时到达目的地。

第 68 页右图： 联合国教科文组织生物圈保护区阿克沙尔瀑布上的一座人行桥。要穿过塔拉西姆坦国家公园才能到达这里。

第 69 页图： 阿克沙尔瀑布的终点有一些天然的水池，您可以在这里游泳，但水很冷。

第 1 天：舍夫沙万—阿茨兰或阿菲斯卡

　　从舍夫沙万出发，走山路，开始第一天的行程。这条山路位于埃尔科拉山南坡，顺着一条流经艾姆提西姆兰村的小溪延伸，然后转向斯斐哈特尔耶隘口。这段上山的路比较有挑战性，但天气晴朗时，从这里可以看到地中海。继续向阿茨兰村前行，晚上住在阿茨兰的民宿或公寓里。或者您也可以选择到了阿茨兰之后，沿着一条比较平缓的路继续前行 1 小时来到阿菲斯卡，住在阿菲斯卡的民宿或公寓里。

第 2 天：阿茨兰或阿菲斯卡—阿克沙尔

　　早晨出发，穿过橡树林和松树林到达西迪梅夫塔。从这里下山到欧德法尔达河河畔的伊米察尔，随后继续沿着骡子道向北行进到庞特法尔达。这里靠近奥斯拉夫，小道远离河边，进入欧德科拉河河畔的阿克沙尔郊区。经过一段令人难忘的 3 千米跋涉之后，从阿克沙尔来到一座 25 米高的红色石拱桥——庞特迪迪尤桥，岩石经过河水数千年的冲刷，形成了今天您所见到的样子。您也可以游览阿克沙尔瀑布，这里是联合国教科文组织认可的生物圈保护区。通往瀑布的道路标识清晰，您离瀑布越来越近，小路也变得越来越曲折，风景却越来越美。在瀑布的最高处，水流不断地在石灰岩上雕刻出变幻莫测的形状。来到阿克沙尔后，您将在此过夜。

第 3 天：阿克沙尔—阿波布纳尔

　　清晨，从阿克沙尔向北出发，跨过欧德科拉河上的桥后向伊茨拉芬进发。伊茨拉芬这座小村庄是今天行程的中点。从伊

茨拉芬起，土路开始沿着一条狭窄的山谷慢慢向东延伸至山脊。在岔路口找到通往阿波布纳尔的路，继续沿着河流行进，穿过一片开阔的地域来到西迪吉尔圣所。这是一个宿营的好地方，或者继续前行 30 分钟，到达埃尔马苏卡泉源附近的一片大草地，您也可以在这里宿营。

第 4 天：阿波布纳尔—塔拉西姆坦

从阿波布纳尔宿营地出发，重新回到主道上，穿过河流，向南边的松树林行进。随后，小路开始向山上延伸。继续沿主道行走，可以欣赏西边拉卡拉山的乡村风景。晌午时分，到达塔拉西姆坦村，该村坐落在一座与其同名的国家公园里。塔拉西姆坦国家公园是徒步爱好者的乐园。时间尚早，您可以尽情地在公园里探索一番，观察野生动植物，尤其是叟猴。

第 5 天：塔拉西姆坦—巴布塔萨

最后一天是沿着主道下一个陡坡。穿过一大片草地，进入塞特苏山软木橡树林，然后到达巴布塔萨村，村子的主街两旁有咖啡馆和酒店。徒步行程到此结束。

第 70-71 页图： 徒步行程的最后一段是穿过庄稼地和大片牧场的下山路。

生态小贴士

　　雇一名专业的当地导游是明智之举，导游可以为您提供许多服务，比如租用驴和联系住宿（徒步者地图信息有时不够准确）。

实用网址

visitmorocco.com
gitetalassemtane.com/en
ecologie.ma/parc-national-de-talassemtane

西奈小道

埃及是一个独立且有着引以为豪的历史的国家，它以其丰富的宝藏资源吸引着探索者，包括：金字塔，神秘的法老墓，开罗埃及博物馆的藏品，红海，丰富的植被和动物群，以及广阔的沙漠和葱茏的绿洲，那里居住着迷人且神秘的贝都因部落。

西奈小道是埃及第一条长途徒步小道，并得到埃及旅游部的官方认可。小道于 2015 年开放，全长 220 千米，这条路线包含了 3 个贝都因部落。它最初从亚喀巴湾一直延伸到埃及的最高峰凯瑟琳山。2016 年在英国旅行作家协会 (BGTW) "世界最佳旅游奖" 评选活动中被评为 "世界最佳旅游项目"。最初参与这条小道项目的 3 个部落已经努力将该项目拓展到其他部落中。如今，西奈小道长 550 千米，连接着亚喀巴湾和苏伊士湾，整个环形行程需要 54 天，8 个部落参与了这条小道的管理。

我们所推荐的旅行路线是从亚喀巴湾海岸的拉斯舍坦到艾恩基德，艾恩基德是一片有着棕榈树和竹林的迷人绿洲。这条小径穿过了塔拉宾部落和梅纳部落境内的山谷、沙漠和绿洲。

- 第 1 天
- 第 2 天
- 第 3 天
- 第 4 天
- 第 5 天
- 第 6 天
- 第 7 天
- 第 8 天
- 第 9 天
- 第 10 天
- 第 11 天
- 第 12 天

拉斯舍坦
埃尔弗里
塞尔埃尔阿布拉格
拉斯加扎拉
米莱希斯绿洲
哈梅达特
艾恩胡德拉
慕塔米尔
基里河谷
扎格拉河谷
舍尔拉尔河谷
拉姆拉
艾恩基德

第 72—73 页图：西奈小道起点拉斯舍坦附近的贝都因营地。

起点: 拉斯舍坦 (亚喀巴湾)

终点: 艾恩基德 (绿洲)

全程: 180 千米

时间: 12 天

难度: 中

住宿: 贝都因帐篷

生态理由: 这条小道是一项社区项目,旨在支持该地区创建可持续发展的旅游经济,为偏远的贝都因社区居民提供收入平等的就业机会。如今,这条小道为近 50 名游牧民提供了稳定的工作,如向导、赶骆驼的人、游客接待者、厨师等,同时也为保护濒临消失的西奈半岛贝都因遗产做出了贡献。这次徒步旅行由当地部落里的一位导游专门陪同。参观贝都因营地时,您会遇到兜售手工艺品的妇女和儿童,这种生意既保护了传统手艺,又为当地居民增加了收入。徒步过程中您所吃到的食物都是当地特产。西奈小道正在开发一系列传统工艺品、山蜂蜜、橄榄油等,这些物品在小道终点都能买到。当地居民只领取适当的工资,销售利润归西奈小道贝都因合作社,以便他们继续对小道进行开发,并帮助相关的贝都因社区。

前往时间： 春季和秋季最佳，天气凉爽。

前往方式： 最近的国际机场是沙姆沙伊赫机场，距离拉斯舍坦约165千米，可乘坐小汽车前往。

携带行李： 一个装水、零食、电池和防水外套的小背包，一个装衣物的大背包，以便让骆驼驮行。帐篷、床垫和睡袋必须分开打包。一定要将睡袋和衣物放在干燥的包里，以防下雨淋湿。其他行李：徒步靴、长袖衫、羊毛衫、防水夹克、长裤、太阳帽、太阳镜、急救箱、净水片、防蚊液、防晒霜、军刀、打火机和头灯等。

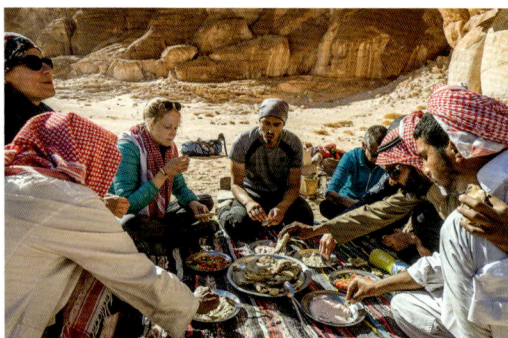

第1天：拉斯舍坦—埃尔弗里

一边听着古老的贝都因人的故事，一边向艾因马尔哈的棕榈树绿洲前行，这段徒步之旅由此开启。继续穿越多彩的岩石地区，向山脚下种满棕榈树、无花果树和竹子的地方行进。

第2天：埃尔弗里—塞尔埃尔阿布拉格

早晨，您将在海边荆棘丛生的山林中跋涉，经过一片小的绿洲后，向山上攀爬。您将穿过彩虹谷，这是一座由黄色、紫色、红色、洋红色和金色砂岩岩石组成的"迷宫"，高达40米，是西奈半岛的自然景观之一。继续穿过河谷，到达今晚的宿营地。

第3天：塞尔埃尔阿布拉格—拉斯加扎拉

沿着蜿蜒的河谷前行，越过费尔塔加，穿过峡谷，远离海边的山脉，向砂岩沙漠进发。

第4天：拉斯加扎拉—米莱希斯绿洲

乌姆哈达巴特砂岩山谷杂草丛生、乱石林立，您将穿行其中。过了乌姆哈达巴特，您就可以在米莱希斯绿洲宿营了。

第5天：米莱希斯绿洲—哈梅达特

您可能会登上西奈小道上的第一座山峰——米莱希斯峰。晴天，登上米莱希斯峰可以看到阿拉伯半岛汉志地区和西奈小道的终点圣凯瑟琳高地，但还需要步行一周才能到达。随后，穿过砂岩隘口来到哈梅达特，这里的岩

生态小贴士

这些地方偏远，环境未被污染。在此次徒步行程中，徒步者会和当地社区互动，要入乡随俗，按当地习惯着装，要像贝都因人一样穿长裤。在拍照前必须征得对方同意，尤其是给妇女拍照时。

实用网址
egypt.travel
sinaitrail.net

石布满了几个世纪以来朝圣者留下的涂鸦。

第6天：哈梅达特—艾恩胡德拉

今天到达艾恩胡德拉，传说此地藏有许多宝藏。许多贝都因家庭在此居住，这里是向导和骆驼的驿站。

第7天：艾恩胡德拉—慕塔米尔

穿过纳瓦米斯（Nawamis）史前坟墓，向慕塔米尔山行进。站在山上眺望，辽阔的沙漠远景尽收眼底。附近即可宿营。

第8天：慕塔米尔—基里河谷

走过狂风肆虐的沙漠，越过"有洞的山"马克哈卢姆山的顶峰。您可以清楚地看到巴尔加山——耸立在辽阔平原上的一座孤峰。

第9天：基里河谷—扎格拉河谷

穿过一条狭窄的河谷，然后来到扎格拉河谷，这里有一座古老的水井。夜晚您将在此宿营。

第10天：扎格拉河谷—舍尔拉尔河谷

继续沿着漫长蜿蜒的河谷向舍尔拉尔河谷前行。

第11天：舍尔拉尔河谷—拉姆拉

继续沿着另一些河谷向前行进，经过许多隘口，来到拉姆拉。

第12天：拉姆拉—艾恩基德

最后，到达艾恩基德，徒步行程结束。过夜营地可安扎在绿洲或小村庄旁。

第74页上图：西奈小道是埃及第一条长途徒步小道，从亚喀巴湾到西奈山脉最高峰，全程230千米。

第74页左下图：穿过居住着塔拉宾（Tarabin）部落的西奈沙漠时，您会看到一条亮丽的彩虹谷。西奈沙漠是中东地区最经典的沙漠之一。

第74页右下图：在胡德拉山谷享用午餐，在热灰中烘烤未发酵的贝都因面包。如今，没有多少贝都因人和农民知道约公元前2000年的烘焙技术了。

第75页图：贝都因向导带领徒步者徒步。开放这条小道的三个部落与其他部落合作拓展延长小道。如今，这条小道已经有550千米长，有8个部落参与其中，需要54天走完全程。

国家小道

　　"麻雀虽小，五脏俱全。"以色列虽小，但风光无限，有海洋、沙漠、绿洲、绿色的高地、溪流和公园。此外，以色列在生态和可持续发展方面，包括水资源管理、可再生能源利用、农业 4.0 等领域也处于领先地位。如果您想了解这片神奇的土地，最好的方法就是从北到南走个遍。

　　以色列国家小道于 1995 年开放，从最北端的但丘开始，穿越整个以色列，直抵最南端的埃拉特。设计这条小道的目的是让以色列所有的环境和风光亮点一览无遗。以色列国家小道途经许多村庄集镇，有许多游玩方案，您可以选择文化之旅，也可选择深入荒原。与其他著名的欧洲小道不同，这条小道上没有明确的目的地，也没有住宿方案。不过，这条小道上有"天使"，他们是居住在附近的志愿者，主动为旅行者提供诸如联系住宿、供水或其他一些紧急服务，让旅行者的旅途更加顺利。在此，我们列出了这条小道的所有旅行阶段，在一些有风景亮点和历史亮点的地方进行了特别说明，您可以选一部分进行体验。

- 第 1 天
- 第 2 天
- 第 3 天
- 第 4 天
- 第 5 天
- 第 6 天
- 第 7 天
- 第 8 天
- 第 9 天
- 第 10 天
- 第 11 天
- 第 12 天
- 第 13 天
- 第 14 天
- 第 15 天
- 第 16 天
- 第 17 天
- 第 18 天
- 第 19 天
- 第 20 天
- 第 21 天
- 第 22 天
- 第 23 天
- 第 24 天
- 第 25 天
- 第 26 天
- 第 27 天
- 第 28 天
- 第 29 天
- 第 30 天
- 第 31 天
- 第 32 天
- 第 33 天
- 第 34 天
- 第 35 天
- 第 36 天
- 第 37 天
- 第 38 天
- 第 39 天
- 第 40 天
- 第 41 天
- 第 42 天
- 第 43 天
- 第 44 天
- 第 45 天
- 第 46 天

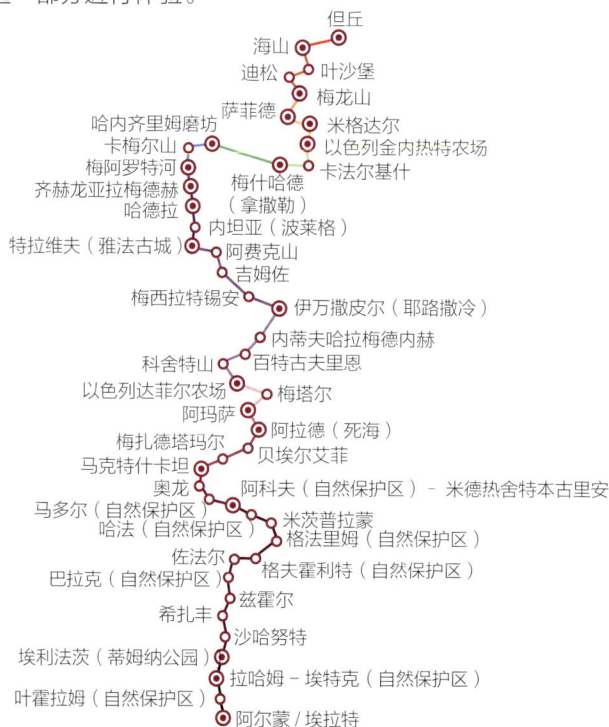

但丘
海山
迪松
叶沙堡
梅龙山
萨菲德
哈内齐里姆磨坊
米格达尔
以色列金内热特农场
卡梅尔山
卡法尔基什
梅阿罗特河
梅什哈德（拿撒勒）
齐赫龙亚拉梅德赫
哈德拉
内坦亚（波莱格）
特拉维夫（雅法古城）
阿费克山
吉姆佐
梅西拉特锡安
伊万撒皮尔（耶路撒冷）
内蒂夫哈拉梅德内赫
科舍特山
百特古夫里恩
以色列达菲尔农场
梅塔尔
阿玛萨
阿拉德（死海）
梅扎德塔玛尔
贝埃尔艾菲
马克特什卡坦
奥龙
阿科夫（自然保护区）- 米德热舍特本古里安
马多尔（自然保护区）
米茨普拉蒙
哈法（自然保护区）
格法里姆（自然保护区）
佐法尔
格夫霍利特（自然保护区）
巴拉克（自然保护区）
兹霍尔
希扎丰
沙哈努特
埃利法茨（蒂姆纳公园）
拉哈姆 - 埃特克（自然保护区）
叶霍拉姆（自然保护区）
阿尔蒙 / 埃拉特

起点： 但丘

终点： 埃拉特

全程： 1100 千米

时间： 46 天

难度： 难易程度不一

住宿： 私人住宅、集体农场、民宿、帐篷

第 76—77 页图： 最高城萨菲德附近位于上加利利松林中的农村，从这里可远眺太巴列湖和加利利海。

生态理由： 以色列国家小道徒步者将会经历一系列与众不同的自然风光体验和人文体验。沿途遇到小道"天使"，发现名不见经传的社区，都会令人快乐，但最令人愉悦的还是分享"希维尔以色列"（小道的希伯来名称）沿途居民的故事。

前往时间： 最佳时间是 2 月至 5 月和 10 月至 11 月。

前往方式： 飞抵特拉维夫国际机场后，从机场乘坐火车或大巴，经过 6—7 小时的旅途到达但丘。

携带行李： 在尽可能减轻负重的同时，尽量带齐所有必需品。帐篷、睡袋、食物、水瓶、徒步靴、长袖衫、长裤、帽子、太阳镜、防晒霜、能量条、坚果、水果干、急救箱、创可贴、望远镜、手电筒、地图、防蚊液、备用电池等。

第 1 天：但丘—海山

小道始于黎巴嫩边境附近的但丘。在第一天的行程中，您会路过哈斯巴尼河自然保护区（斯尼尔河自然保护区）。哈斯巴尼河是约旦河最长的支流，流经一片梧桐树林和石灰华岩，这里是许多特种动物的自然栖息地。继续前行，达夫纳

农场附近有一座胡尔沙特塔尔国家公园，这里保存着 240 棵塔博尔山古橡树和许多动植物物种。石灰华岩是当地 13 种兰花的天然生长地。

第 2 天：海山—叶沙堡

卡德什湖是另一个有趣的自然保护区。您将在山谷间穿行。

第 3 天：叶沙堡—迪松

第 4 天：迪松—梅龙山

梅龙山自然保护区占地 115 平方千米，是以色列最大的自然保护区。在许多不同的小路上，您可以探索各种奇花异草和野生动物。

第 5 天：梅龙山—萨菲德

萨菲德不仅是以色列最神圣的城市之一，也是海拔最高的城市之一。该城市以是犹太神秘哲学卡巴拉的发源地而闻名。

第 6 天：萨菲德—米格达尔

沿途您会看到许多基督教教所和三眼泉水——泽特尔、阿慕德和努恩。

第 7 天：米格达尔—以色列金内热特农场

在约旦河河畔，您会看到雅尔登尼特，这是朝圣者朝拜的洗礼地点，传说是耶稣洗礼之地。

第 8 天：以色列金内热特农场—卡法尔基什

第 9 天：卡法尔基什—梅什哈德（拿撒勒）

3 月，这里鸢尾花盛开，美景不容错过。

第 10 天：梅什哈德（拿撒勒）—哈内齐里姆磨坊

沿着这条小道走，您会发现茨波里古中心遗址，在古代被称为"塞佛瑞斯""提奥西西里亚"。这里有不同时代的考古遗迹，还有以色列一些最美丽的马赛克图案。

第 11 天：哈内齐里姆磨坊—卡梅尔山 / 伊斯菲亚

第 12 天：卡梅尔山 / 伊斯菲亚—梅阿罗特河

尽管卡梅尔山海拔只有 525 米，不算太

高，却能够呈现有趣、多变的风景。站在山顶，您可以将海边以及加利利阿隆纳和耶斯列山谷的风景尽收眼底。

第 13 天：梅阿罗特河—齐赫龙亚拉梅德赫

在今天的行程中，您会发现梅阿罗特自然保护区是一个独特的洞穴群。继续前行，到达拉玛特哈纳迪夫，这是一座令人感到惊艳的植物园，美得不可思议，有许多幽静的角落。游客中心是以色列第一座获得认证的生态建筑，它承载着拉玛特哈纳迪夫的故事，也承载着这座建筑本身的故事。

第 14 天：齐赫龙亚拉梅德赫—哈德拉

凯撒利亚有着几千年的历史和美丽的海滩。水下有许多文物和遗迹，您可以穿上潜水服，带上潜水装备，跟随凯撒利亚潜水俱乐部的专业教练去水下探索。

第 78 页左图： 萨菲德古城。1492 年，被从西班牙驱逐出境的犹太人来到这里，建设了萨菲德古城。如今，它依然因其用砖铺设的街道而著名。

第 78 页右图： 拿撒勒的天使报喜大教堂是城内最重要的罗马天主教教堂。穹顶建筑传统上被认为是圣母玛利亚的住所。

第 79 页图： 地中海沿岸巴勒斯坦凯撒利亚市的圆形剧场，由大希律王在公元前 25 年至公元前 13 年建造，以表示他对凯撒·奥古斯都的忠诚。

第 15 天：哈德拉—内坦亚（波莱格）

第 16 天：内坦亚（波莱格）—特拉维夫（雅法古城）

特拉维夫的加内叶和舒阿公园是该市最大的公园，有宽阔的草地和植物园。

第 17 天：特拉维夫（雅法古城）—阿费克山

第 18 天：阿费克山—吉姆佐

第 19 天：吉姆佐—梅西拉特锡安

第 20 天：梅西拉特锡安—伊万撒皮尔（耶路撒冷）

伊万撒皮尔处于圣城耶路撒冷边缘地带。

旧耶路撒冷中心古城分为四个区域。基督教区是围绕着圣墓教堂发展起来的，它包含了苦路的最后 5 站。穆斯林区的标志建筑是圆顶清真寺，其日常生活中心之一是舒克——充满着生活色彩和气息的奥斯曼风格的市场。犹太区，与象征着犹太人与其过去相连的西墙一起重建于 1967年。西墙是一个值得参观的地方，同样值得参观的还有墙外的隧道和大卫城，存放着死海古卷的以色列博物馆，以及亚德法什姆纪念馆。

第 21 天：伊万撒皮尔（耶路撒冷）—内蒂夫哈拉梅德内赫

第 22 天： 内蒂夫哈拉梅德内赫—百特古夫里恩

第 23 天： 百特古夫里恩—科舍特山

第 24 天： 科舍特山—以色列达菲尔农场

在内盖夫沙漠的边缘处，您会看到普拉自然保护区，这里有一条水流潺潺的小河，有各种各样的野花和小路，还有一片小湖。

第 25 天： 以色列达菲尔农场—梅塔尔

第 26 天： 梅塔尔—阿玛萨

在今天的行程中，您将经过以色列最大的天然森林雅蒂尔，由以色列犹太国家基金会创建。该基金会成立于 1901 年，是世界上最古老的生态组织，致力于在以色列开荒植树造林，开

第 80—81 页图：耶路撒冷旧城的橄榄山远景，以及庙山、圆顶清真寺和艾尔阿克萨清真寺。

第 82 页图：死海是地球表面的最低点。几千年来，因海水蒸发而形成。

第 83 页左图：马克特什卡坦陨石坑。马克特什卡坦是内盖夫沙漠中的一种典型的陨石坑，四周是陡峭的岩石墙，中间是一个深深的封闭的山谷，谷里有各种不同颜色的岩石。

第 83 页右图：蒂姆纳公园。站在高处，您可以欣赏到红色和橘色交织的色彩斑斓的风景，风景颜色随着光线在地面上反射的变化而变化。

发从农业到科研等各个领域的技术和技能，与沙漠化做斗争。

第 27 天：阿玛萨—阿拉德（死海）

阿拉德是死海的入口，是地球上最深的盐湖，在海平面以下 400 米。人在死海中可以毫不费力地浮起来，这是因为它的盐度高。在死海中游泳对身体有一定的疗效，海里的泥浆也一样。然后，您可以从阿拉德进入内盖夫沙漠。

第 28 天：阿拉德—贝埃尔艾菲

罗什佐哈尔是一处位置不错的欣赏死海全景的观景台。

第 29 天：贝埃尔艾菲—梅扎德塔玛尔

第 30 天：梅扎德塔玛尔—马克特什卡坦峰

站在马克特什卡坦峰上可以看到壮观的景色。马克特什是一片大小不一的河流盆地。

第 31 天：马克特什卡坦—奥龙

第 32 天：奥龙—马多尔（夜宿营地）

身强体壮者可以登上卡波莱特山欣赏壮丽的风景。

第 33 天：马多尔（自然保护区）—阿科夫（自然保护区）—米德热舍特本古里安

本－古里安墓地是安葬以色列政治家本－古里安的地方，也是他提出沙漠环境研究与改善区域的中心。

第 34 天：阿科夫（自然保护区）—哈法（自然保护区）

今天，您将来到艾恩沙比夫，这是一片真正的绿洲，绿树成荫。

第 35 天：哈法（自然保护区）—米茨普拉蒙

第 36 天：米茨普拉蒙—格法里姆（自然保护区）

价值的地区。公元前 6000 年至中世纪，这里有盛产铜的铜矿。

第 44 天：埃利法茨—拉哈姆－埃特克（自然保护区）

在今天的行程里，您会看到壮观的所罗门之柱，该石灰石石柱高约 50 米。

第 45 天：拉哈姆－埃特克（自然保护区）—叶霍拉姆（自然保护区）

第 46 天：叶霍拉姆（自然保护区）—阿尔蒙/埃拉特

最后一天的行程，您将登上舍洛莫山，欣赏埃拉特和红海那摄人心魄的美景。此处是您以色列之行的终点。

第 37 天：格法里姆（自然保护区）—格夫霍利特（自然保护区）

第 38 天：格夫霍利特（自然保护区）—佐法尔

第 39 天：佐法尔—巴拉克（自然保护区）

第 40 天：巴拉克（自然保护区）—兹霍尔

第 41 天：兹霍尔—希扎丰

第 42 天：希扎丰—沙哈努特

第 43 天：沙哈努特—埃利法茨（蒂姆纳公园）

蒂姆纳公园是内盖夫沙漠上一个具有考古

▶ 生态小贴士

在以色列，可持续性生态旅行的原则是不能留下任何垃圾。例如，随身携带一只袋子装垃圾，然后分类扔进垃圾回收箱。不要采摘野生花草。在指定位置宿营时，不要折树枝生火。不得在指定位置之外的地方安营扎寨。

实用网址

info.goisrael.com

israeltrail.net

法 国

起点： 贝夫山口

终点： 西劳斯

全程： 32 千米

时间： 3 天

难度： 中

住宿： 客栈

第 84—85 页图： 从贝夫山口看海拔 2225 米的西曼德夫山。

生态理由： 马法特村没有通路。该村就像一座岛中岛，此次徒步就是深入大自然的腹地。

马法特冰斗

留尼汪岛是法国的一个海外地区，是印度洋上一个多山的火山岛。原生态的海岸上有或白色或黑色的沙滩，被珊瑚礁保护的海水晶莹清澈。岛上自然风光独特，岛的面积虽然只有 2500 平方千米，却涵盖了大陆上各种地貌环境。这里最不寻常的地貌是海拔 3070 米的内日峰火山和海拔 2630 米的富尔奈斯火山。内日峰火山是印度洋上最高的山，富尔奈斯火山是地球上最活跃的火山之一。其独特的火山口——马法特、西劳斯和萨拉兹点缀着岛上的山区。两座火山之间的地方连同三个火山口，形成了联合国教科文组织世界遗产留尼汪国家公园。

马法特冰斗是一个破火山口，是一个坍塌的盾状火山的中心，比较偏远，难以企及。它的地质环境特征是峭壁，只有沿着狭窄的山路步行或乘坐直升机才能到达。原始的地貌使其成为历史上黑奴和后来贫穷的白人劳工的理想避难所。如今，当地居民十分珍视他们远离尘世的生活和他们的小农场，他们继承传统，种植水果及玉米等谷物。远离现代生活的喧嚣，岛上 700 位居民分成 10 组，礼貌、友善地接待远道而来的游客。其中一些"小岛"是机构完善的村庄，有学校、太阳能供电站和杂货店（货物主要靠直升机补给）。

在马法特冰斗徒步，最好找一名当地向导。

第 85 页图：贝夫山口的几名徒步者。这条路是人们前往马法特时走得最多的一条路，也是通往主要村庄拉努韦勒比较易行的一条路。

贝夫山口
拉努韦勒
马尔拉
西劳斯

● 第 1 天
● 第 2 天
● 第 3 天

第86页图：西劳斯冰斗。这是一个巨大的破火山口，是一片四周被"高墙"包围的低洼之地。画面中的远处是南海岸的沙滩。

第87页上图：一名正在西劳斯冰斗雨林中攀爬内日峰的年轻徒步者。

第87页左下图：一名正在翻越拉努韦勒马法特冰斗的徒步者。

第87页右下图：马尔拉村是马法特冰斗上最高的村庄，海拔1645米，它的名字来源于马达加斯加语marolahy，意思是"许多人"。

第1天：贝夫山口—拉努韦勒

　　从海拔1800米的贝夫山口出发，沿着萨拉兹和马法特这两个冰斗之间的山脊行走。在这里，您可以欣赏到壮观的风景。然后，往下走到马法特冰斗里，经过罗望子树平原。罗望子树平原是一片罗望子林密集的高地，经常被薄雾笼罩，让它看上去充满神秘感。您可以在这里休息和吃饭。在通往拉迪库费尔特的小路上，沿着罗望子林的缓坡走大约1小时，就到达了拉努韦勒。在马法特的这座最重要的小村庄里，您可以在客栈吃晚饭、住宿。建议向客栈提前预订。

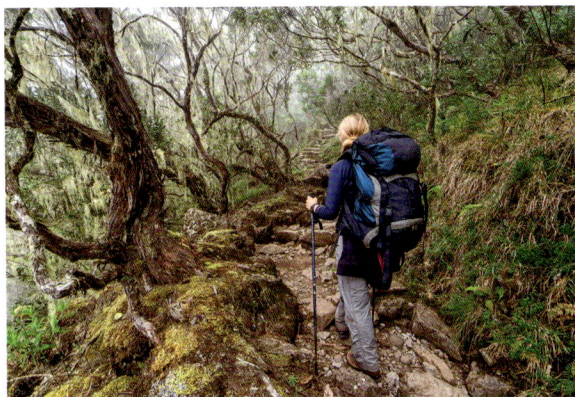

旅行小贴士

前往时间： 5 月至 11 月最佳，正值南半球干燥的冬季，偶尔会下雨，气温舒适。

前往方式： 从圣丹尼斯国际机场乘坐出租车，行驶 65 千米后到达贝夫山口。

携带行李： 水、食物、徒步靴、风衣、头灯、防水披肩、太阳镜、防晒霜、急救箱、防蚊液、相机、保护摄影设备的防水布、备用电池、地图。

第 2 天：拉努韦勒—马尔拉

一早启程向马尔拉方向出发，途中停下来野餐，并可在盖莱茨河游泳。下午抵达马法特最高处的村庄马尔拉，该地最高的岩石山峰内日峰被 3 个碗形谷地环绕。您将在此过夜。

第 3 天：马尔拉—泰比特—西劳斯

早晨，离开马尔拉村向西劳斯出发，翻过泰比特山。经过一段陡峭的登山之路，穿过一片洋槐林，您就会来到一处可以欣赏到马法特冰斗和马尔拉小村全景的地方。到达泰比特山后，您将可以欣赏到西劳斯和马法特的壮观全景。然后，下山经过草莓平原，来到萨尔兹村落。从这里继续向西劳斯小镇前行。西劳斯小镇上有商店、酒店，还有一家洗浴中心，长途跋涉之后您可以到洗浴中心放松一下。

生态小贴士

几乎整座岛都禁止露营。在那些允许露营的地方，徒步者必须遵守公园的规定。徒步者必须带走垃圾，岛上居民的生活垃圾由直升机运到岛上的垃圾场。在动物栖居的地方，禁止穿色彩鲜艳或荧光衣服。穿长袖衫和长裤。无论是拍人还是拍景，拍照前请征得当事人或管理机构的同意。

实用网址

reunion.fr

www.reunion-parcnational.fr

www.reunion-mafate.com

遗失的海岸线

起点：马托海滩
终点：避风湾
全程：40 千米
时间：3—4 天
难度：中
住宿：帐篷

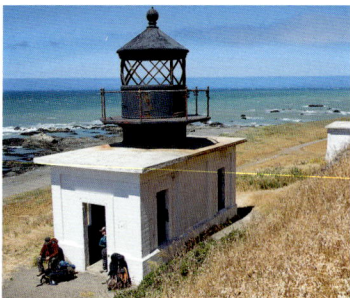

第 88 页上图： 戈尔达角的一头海狮。加利福尼亚海狮是一种非常聪明、强壮和敏捷的动物。雄海狮体重可达 300 千克，身长可达 2 米。

第 88 页下图： 戈尔达角的一座旧灯塔，如今已被废弃。这里是一个景点，也是徒步者歇脚和躲避风雨的地方。

第 89 页图： 马托海滩上一片开满白芷花的草地。

美国是最早建立国家公园的国家，黄石国家公园是世界上第一个国家公园。1968 年，该公园修建了国家风景小道徒步网。

加利福尼亚州生态旅行建设完善，公众环保意识普及。该州有 9 个国家公园，这些公园里有约塞米蒂花岗岩山峰、美丽的红杉树和广袤的死亡谷沙漠等各种旖旎风景。

加利福尼亚州的海岸从北到南，沿着传奇的加利福尼亚州 1 号公路绵延 1000 千米。1 号公路从奥兰治县一直延伸到门多西诺县的莱格特。在最北端，1 号公路与美国 101 公路交会，而海岸线继续延伸，一路向西蜿蜒到布拉格堡以北。

这个被海水环绕的地区被称为"遗失的海岸"，是美国海岸线上最崎岖、最偏远的地区之一，没有通往该地区的主路，但可以徒步穿越国王岭国家保护区来这里探险。这里的路标设置是最少的，目的是限制游客的到访。如果您想参观这里，就必须获得海滩和小道被潮水淹没情况的最新的精准信息，因为海浪突袭可能会造成险情。

● 第 1 天　● 第 3 天
● 第 2 天　● 第 4 天

马托海滩
海狮峡谷
西班牙平原
大平溪
避风湾

生态理由： 到达这片没有汽车、道路和电话线的海岸就已经是在冒险了。您可能会在海水中看到大白鲨，或者在路上看到熊和驼鹿。晚上，您可以欣赏到没有光污染的璀璨星空。"不留痕迹"的标志不断提醒着游客，必须让这个地区的环境保持其刚被建成景点时的原样。

前往时间：旺季是 5 月中旬至 9 月中旬，这段时间天气较好。其他时候天气多变，游客较少。务必精心计划行程，要考虑潮汐的变化。

前往方式：最近的机场是旧金山国际机场，从机场乘坐大巴或小汽车驱车约 400 千米到达马托海滩。

携带行李：帐篷、睡袋、食品、水壶、净水片、徒步靴、帽子、太阳镜、防晒霜、头灯、风衣、防水披肩、露营防潮地垫、备用电池和急救箱。

第 1 天：马托海滩—海狮峡谷

沿着遗失的海岸徒步是一门艺术：除了平原，这里没有路。沿着海滩找到合适的地方行走十分具有挑战性。行程从一小段柔软干燥的沙滩开始，沙子中夹杂着一些浮木、海藻及各种贝壳。然后就是一段满是光滑的卵石和岩石的路。接着，戈尔达角的灯塔映入眼帘。这座灯塔建于 1910 年，在那之前，海岸附近的岩石曾导致多起沉船事故。1961 年，灯塔被废弃，被新的航海技术所取代。小道继续延伸到海狮峡谷，那里有海狮和海豹在海岸附近游来游去。您将在此宿营。

生态小贴士

如果您及时申请到了国王岭露营许可证，就可以在任何地方露营。不过，最好尽可能利用现有的营地，以减少对环境造成的影响。即使是用海滩上的浮木来搭建一个小棚子，也是一种不被管理人员认可的做法，因为这违背了"不留痕迹"的理念。在"遗失的海岸"会有熊出没，因此有必要从管理人员那里租几个坚固的金属盒子来存放食物和防晒霜（含有香水气味）。

实用网址
visitcalifornia.com
visittheusa.com
www.blm.gov/visit

第 2 天：海狮峡谷—西班牙平原

这条小道一直延伸到又大又圆的石头上，要留意脚下，小心前行。随后，小道转向内陆，因为海岸已经无路可走。紧接着，又绕到有鹅卵石和黑色沙子的海滩，直到抵达兰德尔溪。兰德尔溪是西班牙平原的北部边界，该平原南部与西班牙河接壤。夜晚的宿营地在平原的南部。

第 3 天：西班牙平原—大平溪

沿着一片树林前行，跨过金塞溪，来到海滩，随后到达大溪。小道一路攀升，穿过一片茂密而曲折的松树林，来到一片高原，这是大平原的北部边界，也是小道的最高点，海拔仅 30 米。继续前行，越过一片葱翠的草地来到大平溪，溪的两岸有许多营地。

第 4 天：大平溪—避风湾

　　继续向南行进，穿过米勒平原。小道向山下延伸到海滩，您可以从海滩步行前往吉切尔溪。随后，小道开始笔陡地向山下的沙滩延伸，沙滩在涨潮时会被海水淹没一部分。周边茂密的山林里栖息着鹿、熊及其他动物，在沙滩上常常可以看到这些动物的足迹。在吉切尔溪对岸，小道被严重侵蚀，说明大海还在不断地吞噬着海岸。在这里，海滩（典型的黑色沙滩）变宽了，您可以看到 3 千米外避风湾悬崖上的房子。那里就是这次徒步旅行的终点。

第 90 页左图： 鸟瞰一段"遗失的海岸线"。这里遍地是鹅卵石和黑色沙子，要找到可以步行的路面十分困难。

第 90 页右图： 美国加利福尼亚州避风湾附近的一片花海。

第 91 页图： 避风湾的灯塔来自门多西诺。1998 年，这座灯塔曾被拆除后重建，建在了新址上，并安装了新的玻璃，重新刷了油漆。

起点: 希门尼斯港	**难度:** 中
终点: 希门尼斯港	**住宿:** 生态旅馆
全程: 第 1 天自由活动,可在旅馆附近的丛林漫步。第 2 天和第 3 天总行程共约 50 千米。	
时间: 3 天	

第 92—93 页图: 奥萨半岛的丹塔科尔科瓦多旅馆。这是一家生态旅馆,参与了一个逐步改善旅游业对环境和社会影响的项目。

生态理由: 哥斯达黎加的生态旅游业历史悠久,事实上,布兰科角绝对自然保护区建于 1963 年。科尔科瓦多物种之丰富令人难以置信,被认为是地球上生物物种最丰富的地方之一。由于公园地处偏远,人迹罕至,所以才被保护得如此好。发展生态旅游给当地农民带来了比种植香蕉、菠萝和咖啡等传统出口产品更多的收入。

科尔科瓦多国家公园

　　提及生态旅行，我马上就会想到哥斯达黎加。在太平洋和加勒比海之间这块面积只有 51 平方千米的狭长陆地上，有各种各样的景观和小气候，足以满足每一位旅行者的喜好。这个国家的生物物种占世界所有物种的 5%，繁茂的植物群既是该国的生态旅游资源，也是该国的能源资源，水、地热能、太阳能和风能等资源为国家能源部门所利用。治理污染的政策是当地政府策略的核心，旨在大幅减少二氧化碳排放量的举措正在不断增多，如发展可持续交通和电动汽车。

　　哥斯达黎加有无数的瀑布、火山和海滩，很难决定到底要去看哪处的风景。如果要欣赏这个国家最壮观的动植物物种，最好的地方之一就是科尔科瓦多国家公园。该公园位于哥斯达黎加西南部的奥萨半岛，占地面积超过 400 平方千米，游客只能步行参观。这个令人难以置信的自然宝藏保护着森林、沼泽等 8 种不同的栖息地，是 400 多种鸟类和 140 种哺乳动物的家园。科尔科瓦多的动植物群令人印象深刻，但也充满了挑战，必须请一位专业的导游陪同参观。

● 第 1 天
● 第 2 天
● 第 3 天

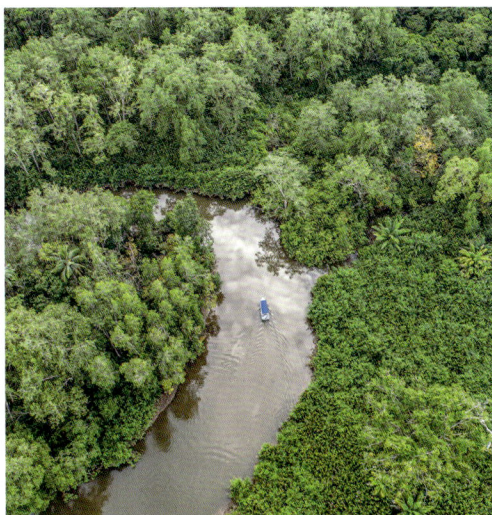

科尔科瓦多国家公园（入口）

希门尼斯港

塞里纳

第 93 页图：西尔佩河和两岸茂密的红树林风景，河中还有当地居民和游客乘坐的船只。

前往时间： 最佳时间是 12 月至次年 4 月，气候干燥。

前往方式： 离科尔科瓦多国家公园最近的机场在希门尼斯港。

携带行李： 一个中等大小的背包、胶靴、防蚊液、头灯及备用电池、长焦镜头、充电宝。务必带上垃圾袋、太阳镜、帽子、水壶和望远镜。公园里湿度大，带上保护相机和拍摄器材的防水布、防水袋、超纤维毛巾及速干衣服。

第 1 天：希门尼斯港—科尔科瓦多国家公园（入口）

第一天，在希门尼斯港的旅行社购买公园门票后，跟着公园导游来到科尔科瓦多国家公园旁边的一家生态旅馆，在那里过夜。安顿好后，可以到周边散散步，找找青蛙、吼猴、蜥蜴、切叶蚁和橡胶树灌木丛等。足够胆大的游客晚上也可以跟着导游外出，深夜里的荆棘丛林看起来与众不同，引人入胜。

第 2 天：科尔科瓦多国家公园（入口）—塞里纳

黎明时分，森林在一片嘈杂声中热闹起来。被这些噪声吵醒后，您步行约 1.6 千米到达洛斯帕托斯，这是公园旁边的第一座管理站，您可以在这里补充水。在导游的陪同下，沿着这条小道穿过小溪，蹚过河流。一路上，您会看到蝴蝶、浣熊、鬣蜥和濒临灭绝的大绿金刚鹦鹉，以及棕榈树、可可树等植物。湿滑的路面一直延续了大约 24 千米，一定要注意脚底踩稳。

最后到达塞里纳管理站，在这里吃晚饭、过夜。

第 3 天：塞里纳管理站—卡拉特—希门尼斯港

第三天，沿着海岸线走向大海。这条小道在丛林和松软的沙地之间延伸。森林和棕榈树俯瞰着原始的海滩和碧绿的海水，真是天堂般的景色。在旅途中，您可能会遇到中美貘，它是哥斯达黎加最大的哺乳动物，濒临灭绝。这里还有食蚁兽、秃鹫、老鹰、苍鹭及五颜六色的螃蟹。幸运的话，您还能在海滩上看到豹猫的爪印。最后，到达利昂娜，这是离开公园前的最后一个管理站。从公园前往卡拉特，然后坐小汽车（不到两小时）返回希门尼斯港，结束这次美妙的行程。

▶ **生态小贴士**

沼泽、河流、沙滩，科尔科瓦多热带雨林有着壮观的动植物群落。每个人都必须尊重它们。禁止带食物进入公园，但你可以在管理站补给淡水。

实用网址
visitcostarica.com
osawildtravel.com
www.sinac.go.cr/EN-US/ac/
acosa/pnc
www.explorelatarde.com/
index.html
www.dantalodge.com

第 94 页上图：这是公园里纵横交错的众多溪流中的一条小溪。

第 94 页下图：在哥斯达黎加，大约有 1500 种不同颜色、不同形状、不同大小的花。

第 94—95 页图：塞里纳的一棵大榕树树干。公园保护着中美洲最大的一片原始热带雨林。

秘鲁

起点：库斯科
终点：库斯科
全程：70 千米
时间：5 天
难度：中，但在徒步前有必要熟悉环境
住宿：旅馆

第 96—97 页图： 彩虹山，又称"七彩山"，海拔 5200 米，山体呈现出 7 种颜色的条纹，这是各种矿物长年累月不断沉淀所形成的。

生态理由： 阿普奥桑特徒步旅行是当地社区约瑟芬纳和奇尔卡共同参与组织的生态旅行项目的一部分。这两个社区积极参与到项目中来，提供了舒适的生态旅馆和热情的服务。同时，参与项目的还有奇尔卡社区牧民的大羊驼，这些牧羊人乐于自豪地和旅行者分享他们的土地和精神。

阿普奥桑加特远足

在秘鲁，大自然所呈现出的生态区（11个）和栖息地（84个）之多令人难以置信。对于喜欢冒险和想要徒步旅行的人来说，这里堪称天堂。这里有许多小道和被积雪覆盖的山峰，远足者可以从海拔超过 1500 千米的高原、山区、湖泊、火山、山谷和峡谷中自由选择路线。在这些自然奇观中，融入了前哥伦布时期文明的考古遗迹。

在维尔卡诺塔山脉的众多徒步线路中，我们推荐在库斯科地区最高的圣山附近的阿普奥桑加特进行为期 5 天的环线徒步旅行。白雪皑皑的山峰、宽阔的山谷、美丽的湖泊，让我们有机会了解牧民的生活方式，探索世界上污染最少的山区的生态系统之一。这条小道位于海拔 5000 米之上的地方，穿过牧民居住的村庄，这些村庄平时并不热闹。除了大羊驼，游客还可以看到羊驼、小羊驼、长翼鹅，幸运的话，还可以看到令人惊叹的安第斯兀鹫。山的多彩景观是无价的，矿物岩层的红色条纹为氧化铁，黄色为硫化亚铁，紫棕色为针铁矿或氧化褐铁矿，绿色为绿泥石。行李由大羊驼驮着，行程的最后两段为那些走累了或走不动的徒步者设计了骑马道。在徒步旅行期间，一日三餐由旅馆（安第斯小屋）提供，专业的厨师将会让您品尝到各种美味的菜肴和秘鲁特产。

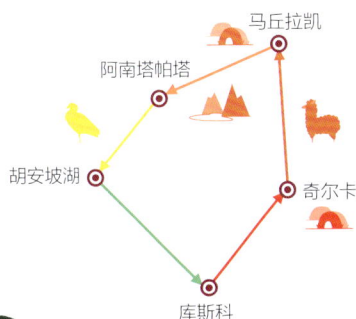

马丘拉凯

阿南塔帕塔

胡安坡湖

奇尔卡

库斯科

- 🔴 第 1 天
- 🔴 第 2 天
- 🟠 第 3 天
- 🟡 第 4 天
- 🟢 第 5 天

第 97 页图：位于秘鲁安第斯山脉的库斯科曾经是印加帝国的首都。如今，它以古代遗迹和西班牙殖民时期的建筑而闻名。

前往时间： 3 月至 11 月。

前往方式： 飞抵库斯科国际机场，从机场乘坐出租车 5 分钟即可到达库斯科。然后再乘坐大巴到奇尔卡，行程约 82 千米。

携带行李： 棉衣、徒步靴、登山服、保暖内衣、羊毛帽、手套、围巾、太阳帽、防水夹克、防水裤、防雨斗篷、小毛巾、水壶、头灯（旅馆里几乎没有灯，只有蜡烛）、创可贴、高山能量棒、急救箱、治痢疾的药片、相机备用电池，以及在旅馆里穿的舒适的拖鞋。

第 1 天：库斯科—奇尔卡

由于您将在高原地区徒步旅行，建议您在海拔 3000 米的库斯科先适应几天（3—4 天），以便在徒步旅行中身体能够更好地适应。从被联合国教科文组织列入世界遗产名录的景点库斯科出发，沿着维卡诺塔河乘坐大巴参观切卡库佩神庙，然后穿过皮图马尔卡高原山谷到达贾普拉，这是旅途的起点，再往前走一小段路，就到了奇尔卡。在第一个安第斯旅馆（克丘亚语称为"坦博"），您可以一边享用可可茶，一边欣赏当地人和音乐家用安第斯乐器为您弹奏的乐曲。旅馆是由当地社区秉持生态可持续理念修建的。这里有 8 间双人标间，配有热水淋浴和泡浴。当地菜肴（如羊驼肉）既美味又营养，也有藜麦汤等素食可选。

▶ 生态小贴士

徒步时，沿途里不得随手扔垃圾。将垃圾随身携带至指定的处理点。在出发前需要收集、了解前往国家的有关信息，以便入乡随俗。

实用网址
peru.travel/en
andeanlodges.com/en

第 2 天：奇尔卡—马丘拉凯

早餐后，沿着奇尔卡盼帕山谷漫步，遇到正在吃草的大羊驼群和羊驼群。走到山谷尽头，在徒步者前面带路的牧民向导会搭起临时帐篷，准备好热汤，在下雨时，热汤是很受欢迎的食物。随后，开始向大山进发。沿着晶莹的冰川脚下的湖泊和潟湖前行，一直走到马丘拉凯旅馆。大羊驼早已将行李驮至旅馆，旅馆经理的家人会为您端上一杯热气腾腾的咖啡，有助于您缓解高原反应。

第 3 天：马丘拉凯—阿南塔帕塔

今天，您将到达第一个海拔超过 5000 米的山口——帕洛马尼山口，这里风景壮丽。沿着冰川下山，向奥桑加特湖行进，您将一头扎进一片红色的砂石荒原之中，这是一种美妙的体验，也是人们认为这些山很神奇，把它们当作神一样来敬畏的原因。经常能看到秃鹰和小羊驼来这里喝水。这一天的旅程结束时，您将会到达第三家安第斯旅馆，可以洗个热水澡放松一下。

第 4 天：阿南塔帕塔—胡安坡湖

早餐后，您将踏上旅途中最激动人心的一段行程。白色的冰川与因矿物质沉积所形成的赭石色条纹形成鲜明的对比，这种体验令人无比兴奋。最惊艳的颜色是瑶里昆卡的沉积物。第四个安第斯旅馆位于一座湖的湖边，这座湖是几十只安第斯鹅的家园。这种黑白相间的鹅在安塔的峭壁及旅馆附近的阿普拉布拉亚尼亚铁岩层上筑巢。您将在这里度过阿普奥桑加特徒步旅行的最后一晚。

第 5 天：胡安坡湖—库斯科

最后一天短暂且道路陡峭的攀登路线能够让您欣赏到冰川，包括印加雪峰及远处的奥桑加特雪峰。由此开始下山向山谷进发，山谷里有星星点点的羊群和牧民建造的石圈。这条小道到特拉皮切村附近终止。您从此处乘大巴返回库斯科。

第 98 页左图： 在卡米诺德尔阿普奥桑加特发现的一种特殊的岩层。它的最高处长约 70 米。

第 98 页右图： 一路上山至彩虹山，此处地貌因氧化铁而略带红色。

第 99 页图： 一位克丘亚妇女在用天然的染色技术给羊驼毛染色，然后用于织布。

百内国家公园 W 线远足

第 100—101 页图： 百内国家公园内的百内营地。此处为公园内的一处重要地点，只能从湖上或徒步小路到达。

智利地形狭长，起于南美洲的中心，一直延伸到最南端。智利有广袤而壮丽的景观，从沙漠到冰川，从翠绿的山谷到火山，从森林到峡湾，各种景观一应俱全，是自然风光最美的地方之一。从热带地区到火地岛，全长 4000 千米，沿途有许多独特的风景，是每一位想沉浸在引人入胜的自然探险中的旅行者的理想目的地。

百内国家公园位于"远足王国"巴塔哥尼亚，地处首都圣地亚哥以南约 2000 千米处。公园里的 W 远足路线是著名的百内 O 环线的精简版。在这条路线上，您可以近距离欣赏到著名的标志性景点百内三塔。在这条路线上，您还可以欣赏到巨大的冰川和雄伟的花岗岩山峰的壮观全景，山峰高达 2900 米，该路线蜿蜒穿过原始地带。这段激动人心的行程需要良好的体力来完成：行程中有些路段很陡峭，有些路段很有挑战性。但走完这段行程并不需要您具备专业运动员的素养。

起点: 百内营地

终点: 托雷斯酒店

全程: 60 千米

时间: 5 天

难度: 中

住宿: 帐篷和驿站

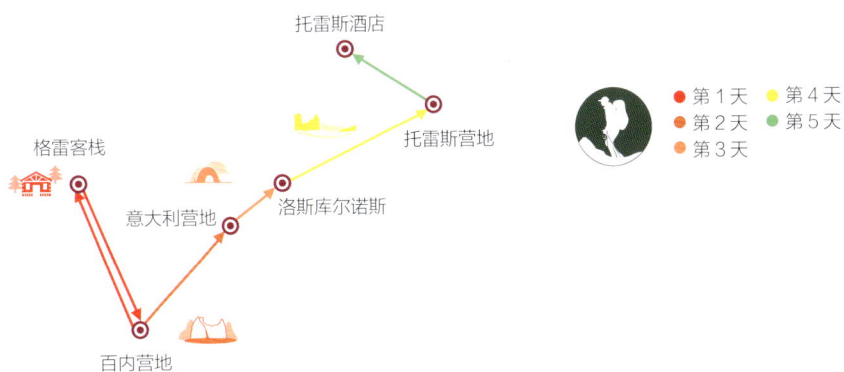

托雷斯酒店

格雷客栈

意大利营地

洛斯库尔诺斯

托雷斯营地

百内营地

- ● 第 1 天
- ● 第 2 天
- ● 第 3 天
- ● 第 4 天
- ● 第 5 天

生态理由: 百内国家公园于 1978 年被联合国教科文组织列为生物圈保护区,是该地区各种生态系统中 100 多种生物物种的理想栖息地。这些小道蜿蜒地穿过保护完好、监控严密的自然区域。该公园每年接待的游客数量有限,这使得游客可以在安静的环境中充分享受自然之美。

第 1 天：百内营地—格雷客栈

从百内营地向格雷观景台出发，从这里可以极目海拔 30 米、绵延 6 千米的格雷冰川。从这座观景台上，您会被眼前一块块冰块翻滚入湖的景象所征服。再向前走 800 米，来到格雷客栈，在这里您又可以从不同的角度欣赏冰川。您可以在客栈（需提前预订）或附近的营地过夜。

第 2 天：格雷客栈—意大利营地

早上，从格雷客栈出发，沿着昨天的路线返回百内营地，再走 7.5 千米到达意大利营地，这是该路线上的两个免费宿营地之一。行程的第二天晚上您可以在此过夜。

第 3 天：意大利营地—洛斯库尔诺斯

把较重的行李留在营地，只背一只轻便的背包去远足。从意大利营地出发，需要完成一

前往时间： 智利同赤道以南的所有国家一样，季节与北半球相反。这是一条世界闻名的远足旅行线，每年12月至次年3月的夏季，天气晴朗、温和，这条路线游客密集。春天，也是享受万物复苏美景的好时机，但这里风很大，夜间气温可降至1℃。冬季，从6月至9月，徒步旅行更具挑战性，风不大，但气温可能降到0℃以下，白天的时间也较短，而且并非所有服务都开放，您可以在导游的帮助下进行徒步。

前往方式： 距离最近的城市是阿雷纳斯角，可以从这里乘坐出租车或公共汽车到250千米之外的纳塔莱斯港，到百内国家公园入口还要继续前行80千米。

携带行李： 一年四季防雨雪风霜的衣物必不可少，防晒唇膏、太阳镜、帐篷、睡袋、绝缘垫、食物、水壶、急救箱、登山靴、换脚鞋、创可贴、处理小伤口用的止痛药、消毒水、头灯、相机备用电池、矿物盐及能量棒。

天往返11千米的徒步行程，去见证壮观的法国谷，那里有榉树林和法国冰川。回到营地，带上行李，再向前走5.5千米，到达洛斯库尔诺斯，在此过夜。在洛斯库尔诺斯有很多住宿选择——洛斯库尔诺斯客栈、洛斯库尔诺斯营地或更豪华的洛斯库尔诺斯旅馆。

第102—103页图： 小羊驼是生活在安第斯山脉的一种野生骆驼科动物。由于其血液中血红蛋白浓度高，因此它能够在高海拔地区茁壮成长。

第103页上图： 法国谷的徒步者。画面远处，从左到右依次是埃斯帕达峰、霍亚峰、马斯卡拉峰和宏伟的北角峰。

第103页下图： 洛斯库尔诺斯附近的佩霍湖。

第 4 天：洛斯库尔诺斯—托雷斯营地

早餐过后，从洛斯库尔诺斯出发，步行约11 千米前往著名的百内三塔山峰脚下的托雷斯营地，这里有 3 块巨大的花岗岩巨石，其中的中托雷斯山最高。从这里继续前行 800 米，来到托雷斯观景台，可以近距离欣赏风景如画的山峰。然后返回托雷斯营地过夜。

第 5 天：托雷斯营地—托雷斯酒店

在行程的最后一天，很值得早起再去一次托雷斯观景台，这样您就可以看到黎明时分的托雷斯山。带着美好的回忆返回托雷斯营地，继续向 8 千米之外的托雷斯酒店进发，这是这段徒步小道的最后一程。

第 104 页上图：安装在木质平台上的圆顶帐篷。这些帐篷的铝质框架很轻，易于搬运，在极端条件下可提供保护。

第 104 页下图：旅行的最后一天到达托雷斯酒店。酒店位于公园的中心，有一座有机厨房花园，为餐厅提供传统菜肴。

第 104—105 页图：在百内国家公园看到的洛斯库尔诺斯峰和佩霍湖全景。

　　由于风很容易把垃圾和污染物吹散，所以必须把垃圾都带出公园。电池中有对环境有害的物质，必须将其带回最近的城市并扔进指定的垃圾箱。有机或可生物降解的废弃物（如食物残渣、果皮、鸡蛋壳等）也不应留下，因为它们分解缓慢，会招引野生动物，是潜在的感染源，会破坏环境。千万不要把种子扔在地上，因为它们可能会是当地的新物种，从而改变当地生态系统的平衡。

实用网址

chile.travel

parquetorresdelpaine.cl

www.conaf.cl/parques

www.verticepatagonia.cl

查尔腾镇—托雷湖徒步

阿根廷，是一片反差极大的土地，是一个巨大的自然保护区，有湿地、沙漠、冰川、干草原、森林、盐滩、湖泊、山脉等。这些物种多样的生态系统是各种动植物的家园。

阿根廷的许多景点已被宣布为保护区，成为自然保护区或国家公园，而一些最重要的自然遗迹已被联合国教科文组织宣布为世界遗产。阿根廷还制订了一系列投资计划，以促进生态可持续性旅游业的发展。其中，一个典范当属科雷多沿海生态园，这是一个旨在保护多种生物物种和文化遗产的项目，项目涉及总人口超 63.4 万人的 6 个不同的省份。

阿根廷生态旅行的另一个"先锋"是查尔腾镇，这里是世界登山者之都，也是许多远足路线的起点。这个神奇地方的名字来源于特维尔切语，意思是"冒烟的山"，实际上指菲茨罗伊山（也称"查尔腾山"）周围云雾缭绕。

我们推荐的这条徒步旅行路线覆盖了巴塔哥尼亚国家冰川公园的北部地区。巴塔哥尼亚国家冰川公园 1981 年被联合国教科文组织列为世界遗产文化景点，拥有菲茨罗伊山、托雷山、"石头的尖叫"、"不可能的山"、传说中的峻岭山等山峰，高耸入云。

第 106 页图：黎明时分菲茨罗伊山和查尔腾镇的美景。

● 第 1 天
● 第 2 天

托雷山
梅斯特里观景台
托雷湖观景台
查尔腾镇
布里德韦尔大本营

起点：查尔腾镇

终点：查尔腾镇

全程：15千米，继续前往梅斯特里观景台还需走19千米

时间：1—2天

难度：易

住宿：帐篷

第106—107页图：查尔腾镇的巴塔哥尼亚国家冰川公园入口。这座公园1981年被联合国教科文组织列为世界遗产文化景点。阿根廷政府把这座村庄定为国家徒步之都。

生态理由：阿根廷是一个生态天堂，这得益于其对自然景观的大力保护和关注。国家冰川公园保护着一大片大陆冰川、巴塔哥尼亚安第斯森林和巴塔哥尼亚干草原。几十年来，阿根廷政府一直积极推动生态可持续旅游业，使得阿根廷的小村庄查尔腾镇成为登山运动之都。

第 108 页上图：雄伟的菲茨罗伊山西峰托雷山被认为是无法攀登的，因为无论登山者从哪个点登顶，都要攀爬至少 900 米的岩石峭壁。

第 108 页下图：据估计，每年有数百名登山者和徒步者被菲茨罗伊山险峻陡峭的山体和多变的气候吸引而来。

图 109 页图：托雷山观景台的标识牌上注明了这座标志性山峰的名称和高度。

图 110—111 页图：巴塔哥尼亚国家冰川公园中的菲茨罗伊山和托雷湖。这里是离山体最近的一个观景点，业余徒步者也可以到达。

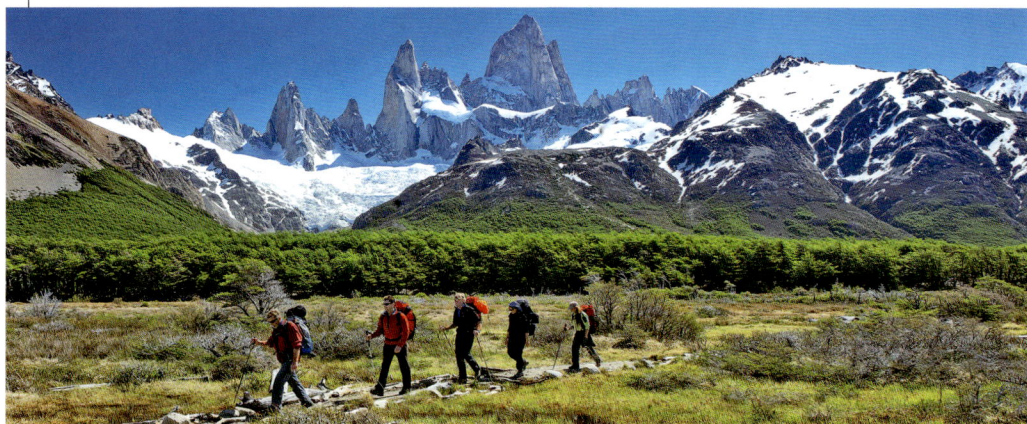

▶ **生态小贴士**

严禁在指定区域之外安营扎寨。这座国家冰川公园倡导游客尽量避免对这片独特而珍贵的自然保护区造成污染。

实用网址

www.argentina.travel elchalten.com

www.losglaciares.com

www.santacruzpatagonia.gob.ar

第 1 天：查尔腾镇—托雷湖—查尔腾镇

查尔腾镇是阿根廷和智利之间的一个边境小镇，是登山者和远足者的大本营，也是徒步的起点：从这里沿着 RN23 号路向北行进。到达小道标识后，继续向西行进。沿着小道穿过一片沼泽，然后上坡穿过一片榉树林，来到托雷湖观景台，再步行 1 个多小时，您第一次到达托雷山。

这条小道直通谷底，然后有几条岔路，经过 45 分钟的步行路程，所有的岔路又都汇集到一个有路标的交叉口（这是通往托雷山和菲茨罗伊山徒步小道的交会点）。继续沿着左手边的那条小道下山，顺着菲茨罗伊河河边行走 30—40 分钟，再沿着山坡侧翼行进，然后到达吉姆布里德韦尔大本营。

从大本营出发，爬上冰碛到托雷湖湖岸边。从这里可以看

108

到海拔 3128 米的托雷山和 800 多米长的岩石山脊及邻近的山脉。如果想回查尔腾镇，原路返回即可。

第 2 天：布里德韦尔大本营—梅斯特里观景台

如果您打算继续徒步旅行，可以把行程分为两天，最好在布里德韦尔大本营宿营。第二天沿着湖东岸的小道继续出发，沿着通往梅斯特里观景台的小道前行，这个名字是为了纪念 1959 年首次登上托雷山的意大利登山者塞萨尔·梅斯特里。这座花岗岩山大约 900 米高，被认为是世界上最难攀登的花岗岩之一。步行 45 分钟就到了梅斯特里观景台，从这里可以看到格兰德冰川和托雷冰川（构成世界第三大冰盖希洛苏尔的冰川之一）。这两座冰川俯瞰湖面，呈现出一道独特的风景。这条山脉，从依稀可见的索洛山开始到托雷山止，一共有 3 座山峰，即托雷山峰、托雷艾格峰和赫龙角。

旅行小贴士

前往时间： 最佳时间是 12 月至次年 3 月。如果天气情况良好，这段徒步行程则没有难度。不过，巴塔哥尼亚气候变幻莫测，夏天也可能有强风。查尔腾镇的天气通常是多云有雨，受附近冰盖的影响，昼夜温差极大。

前往方式： 查尔腾镇有一座机场，是该地区的门户。从机场可以乘坐大巴、出租车或小汽车前往约 200 千米外的查尔腾镇。

携带行李： 徒步长裤必不可少，多穿一层裤子比较实用，还要带登山靴、防风防水夹克、小背包、换洗衣服、食物、饮用水、防晒霜、手电筒、备用电池、雪地靴。

乌斯怀亚和火地群岛

　　这里是真正的天涯海角，您站在世界的尽头。乌斯怀亚位于火地群岛，在比格尔海峡和战神山脉之间，被大西洋和太平洋包围。船只从这里的港口出发前往南极。费尔迪南德·麦哲伦是 1520 年首批到达这片土地的欧洲人之一，他发现了燃篝火取暖的雅马纳人，"烟地"之名即源于此习俗，后来演变成火地岛。乌斯怀亚在雅马纳语中是"深海湾"的意思，周围的风景包括山脉、森林、海洋和小河。这里气候变幻莫测，风大，平均气温为 5℃。

　　在这片可以进行许多冬季运动项目的神奇土地上，有许多适合徒步者、独木舟划行者和骑行者的路线。一些一日远足旅行，比如在火地国家公园徒步和在比格尔海峡泛舟等，十分令人难忘。

● 第 1 天
● 第 2 天
● 第 3 天

乌斯怀亚
拉帕塔亚
国家公园
盖博
马蒂洛

第112页图： 乌斯怀亚。乌斯怀亚是世界最南端的一座城市，也是阿根廷火地省省会。这座城市面朝比格尔海峡，背靠大山。

起点: 乌斯怀亚

终点: 乌斯怀亚

全程: 200千米，可乘坐各种交通工具

时间: 3天

难度: 中

住宿: 酒店

第112—113页图：岩石上的海狮。这些海狮在近岸处捕捉各种鱼类为食，而它们是鲨鱼、美洲豹和虎鲸的美食。

生态理由：在海狮、狐狸及鸟类的陪伴下，这将是一次穿越未受破坏的自然和野生景观的旅行。

前往时间： 11 月至次年 3 月（阿根廷的夏季）。

前往方式： 从乌斯怀亚机场乘坐小汽车到 7 千米外的城里。

携带行李： 保暖内衣、T 恤及其他可以叠穿的衣服。风衣、防水夹克、帽子、防水手套、徒步靴、防水背包罩、急救箱、能量棒、矿物盐、水壶，以及保护相机和备用电池的可密封塑料袋。划独木舟装备：防水夹克、羊毛夹克、防水运动鞋、帽子、太阳镜、备用袜子、胶鞋、专业长裤。旅行中，组织者会提供救生衣。

第 1 天：乌斯怀亚

乌斯怀亚常住人口有 6 万人，是世界最南端的城市，也是许多令人兴奋的远足之行的起点。位于南纬 55° 附近的乌斯怀亚充满活力，酒吧、餐馆和民宿随处可见。该地夏日的白昼漫长，12 月份太阳似乎从不落山。必须要参观一下位于乌斯怀亚海滨的世界尽头博物馆，这座博物馆向游客介绍了乌斯怀亚的历史、当地的鸟类和其他动物的生活习性，以及当地的民风习俗。凭博物馆门票您还可以参观省长官邸，其中陈列有 1930 年塞万提斯山 1 号沉船的照片和遗物。

第 2 天：乌斯怀亚—国家公园—拉帕塔亚—乌斯怀亚

沿着从布宜诺斯艾利斯横贯阿根廷到乌斯怀亚的全长 3530 千米的 Ruta 3 号公路出发，大约走 8 千米后到达火地岛国家公园，这里有河流、池塘和泥炭沼泽，还有沿海岸线延伸 6 千米的一个独特海洋生态系统。这就是科斯特拉路线，即沿着比格尔海峡的河岸走大约 8 千米，是从公园所提供的众多路线中选取的一条。其起点是巴伊亚恩塞纳达旅游景区，周围有各种茂盛的植物，包括连茄树、尼雷、科希乌、兰花、肉桂和智利火树。沿着巴塔哥尼亚河，您可能会遇到狐狸、鸭子、安第斯秃鹰和麦哲伦啄木鸟。在阿根廷一侧的罗卡湖湖边停下来吃午饭。在这里，您穿上胶鞋、长裤和救生衣，乘坐充气独木舟从湖岸出发，沿着缓慢流淌的拉帕塔亚河，经过维尔德湖，在奥万达河里悠闲泛舟。大约 1 小时后，到达划行目的地拉帕塔亚湾探秘，这里的水从淡水变成了海水。您还有机会看到只有乘船才能欣赏到的美景。到达海湾后，将独木舟停在 Ruta3 号公路终点附近，然后乘公共汽车返回乌斯怀亚。

第 3 天：乌斯怀亚—马蒂洛—盖博—乌斯怀亚

今天的主题是乘坐摩托艇，的确，这并不是很环保，但如果不去看企鹅，那您为什么要到火地岛呢？从乌斯怀亚乘坐大巴沿 Ruta3 号公路向东行驶，然后转至 RutaJ 号公路。到了拉西法沙耶河，乘一只充气独木舟，划向比格尔海峡。一路上，您可以看到各种各样的鸟和海狮。随后到哈伯顿大庄园，这是火地岛上最古老的建筑，是阿卡图顺南方鸟类和海洋哺乳动物博物馆所

在地，该馆主要致力于研究南半球的海洋动物和鸟类。您从此处乘坐一艘摩托艇前往马尔蒂洛岛，即使不登岛，您也能轻易看到每年11月初至次年3月底在此筑巢的麦哲伦企鹅和根图企鹅。继续乘坐摩托艇到盖博岛，您可以探索岛上的森林和海岸。然后乘坐摩托艇返回哈伯顿港口，再从哈伯顿港口乘坐大巴返回"世界尽头"乌斯怀亚。

▶ 生态小贴士

火地岛的泥炭沼泽在几千年的时间里增厚了几毫米。在过去7000年里，森林依然保持着雅马纳人和第一批欧洲殖民者居住时的样子。因此，游客有责任不留任何痕迹地将这一地区原封不动地留给子孙后代。

实用网址

argentina.travelfindelmundo.tur.
ar/es/ushuaia/recomendaciones/
como-llegar-a-tdf/1012 canalfun.
com/en/
argentina.gob.ar/
parquesnacionales
estanciaharberton.com

第114页上图： 比格尔海峡的埃克莱罗伊尔斯灯塔。
第114页下图和115页图： 火地岛风光。泥炭沼泽是植物与水的结合物，形成了多彩的马赛克般的景观。

阿尔泰山远足

俄罗斯横跨欧洲和亚洲，是世界上国土面积最大的国家，一半以上的国土无人居住。广阔的平原和高原构成了俄罗斯的大部分景观，山区则向南部边界和东部延伸。俄罗斯约有一半的国土被森林覆盖着，该国森林面积占地球森林总面积的1/5。其中，俄罗斯的泰加森林被认为是世界上最大的森林。

从自然主义的观点来看，俄罗斯拥有一切，因为对于冒险爱好者而言，这里有很多令人兴奋的活动。穿越阿尔泰山脉的长途跋涉，是沿着与哈萨克斯坦、蒙古和中国的边界进行的。该地区的一部分景点是被联合国教科文组织认定的世界遗产景点，"阿尔泰地区是亚洲北部山地动植物物种多样性的重要和原始中心，其中一些是珍稀和特有的物种"。

第116页上图和下图：小道沿途的一处水上吊桥。该地区河流交错，主要水源为融化的积雪和夏季的雨水。

蒂温古尔

奥罗克托伊

图赫曼河

库切尔拉湖

库尔杜伊湖

特克利乌河

塔鲁斯

阿克肯河

雅尔鲁山谷

雅尔鲁山谷

● 第1天　　● 第6天
● 第2天　　● 第7天
● 第3天　　● 第8天
● 第4天　　● 第9—10天
● 第5天

起点： 蒂温古尔

终点： 蒂温古尔

全程： 约170千米

时间： 10天

难度： 中

住宿： 帐篷

第116—117页图： 库切尔拉湖。该湖与捷列茨科耶湖、贝卢卡山、乌科克高原一起组成了被联合国教科文组织列为世界文化遗产景点的"金色的阿尔泰山脉"。

生态理由： 这次徒步是在野外环境中进行，需要依靠当地人的技能和帮助。在这条小道上几乎不可能遇到人，您将孤独旅行，陪伴您的只有纯粹地享受对这片未知世界的探索。

前往时间： 7月至8月最佳，草坪茂盛，气温舒适。

前往方式： 在莫斯科多莫杰多沃国际机场落地后转机到巴尔瑙尔机场，然后驱车750千米到达维索尼克大本营。

携带行李： 具有保暖、干燥和防晒功能的装备，以便白天能够高效地在山路上徒步，晚上能够睡个舒服觉觉。还要带上睡袋、防水徒步靴、人字拖鞋、手套、帽子、急救箱、水壶、能量棒及可生物降解的洗漱用品。

第 1 天：蒂温古尔—奥罗克托伊

从蒂温古尔村附近的卡顿河沿岸海拔850米的维索尼克大本营出发，经过库切尔拉这个通往山脉的道路上最后一个有人区，然后穿过一片森林。经过库祖亚克山口后，您就可以在奥罗克托伊溪沿岸的草地上安营扎寨。

第 2 天：奥罗克托伊—图赫曼河

沿着奥罗克托伊溪一路攀爬到图赫曼河边，这里有一个宿营地，风景从泰加群落针叶林变成了高山草甸。您可以极目西伯利亚最高的山贝卢卡山及其周围山脉的全景。

第 3 天：图赫曼河—库尔杜伊湖

沿着小道来到库尔杜伊湖湖畔，您将在这里宿营过夜。沿途您可能会遇到海马鹿，它是最大的鹿种之一。

第 4 天：库尔杜伊湖—特克利乌河

今天的徒步从一段坡度相对平缓的上山路开始，随后到达高原，这里的岩石形状独特。再经过一段短暂的下山路，您就到了特克利乌河畔的宿营地。下午，您还可以沿着河边再走4千米，去观赏两条瀑布。

第 5 天：特克利乌河—阿克肯河

今天，跨过特克利乌河和萨里贝尔山口，沿着山脊走一段很远的路，再走一段陡峭的下山路，您就来到雅尔鲁山谷，从这里跨过阿克肯河。过河后不远处就是营地，您将在营地吃晚饭、过夜。积雪覆盖的贝卢卡山风景迷人。

第 6 天：阿克肯河—阿克奥约克山谷或雅尔鲁山谷—阿克肯河

早晨，您可在阿克奥约克山谷中徒步，这座山谷因色彩迥异的7座湖而闻名。您也可以继续沿着雅尔鲁山谷前行，雅尔鲁山谷是一个充满精神能量的地方，这里有由来此冥想的人们创建的一座"石城"。

第 7 天：阿克肯河—塔鲁斯

徒步的第二段路程从这里开始，先攀登至海拔3060米的卡拉蒂乌雷克山口，再沿着陡峭的山路下山行至塔鲁斯，然后在这片雪松林中宿营。

第 8 天：塔鲁斯—库切尔拉湖

今天，先向高原攀爬一小段路，再穿过针叶林下山，来到美丽的库切尔拉湖湖畔，湖的四周有被积雪覆盖的山峰，湖里有各种鱼儿在畅游。晚上您在湖边宿营。

第 9—10 天：库切尔拉湖—蒂温古尔

沿着库切尔河缓缓下山。库切尔河是卡顿斯基山岭中最美的风景之一。晚上就在路边宿营。第二天一早启程，一边欣赏古老的岩石雕刻，一边回到蒂温古尔的维索尼克大本营，这里既是徒步的起点，又是徒步的终点。

► 生态小贴士

北亚大草原上的人们有许多古老的优良传统。例如，尽管已经有太阳能电池板和手机，但他们依然沿袭着千百年前的生活方式。这条徒步小道所到之处并不在一般的旅游路线上，所以，务必爱护和尊重这条小道上的一草一木，保持小道的原样。

实用网址

europe.russia.travel/
www.nhpfund.org/nominations/altai.html
whc.unesco.org/en/list/768
www.altzapovednik.ru/en.aspx

第 118 页上图：在山涧河岸草地上搭建的露营帐篷。阿尔泰山山脉徒步范围包括俄罗斯与哈萨克斯坦、蒙古及中国接壤的山脉。

第 118 页下图：草原、小针叶林、山地沙漠、苔原及白雪覆盖的山峰等各种各样的景观。

第 119 页图：俄罗斯阿尔泰山山脉最高峰——海拔 4505 米的贝卢卡山。徒步前往这座山的途中穿过一座美丽的山谷，山谷中有一片高山草原。

119

信越小道

日本这个地方是一块没有时间痕迹的土地，古老的传统与现代融合在一起。人口稠密、极其现代化的城市主导着建筑和时尚的潮流，与优雅迷人的花园、寺庙、皇宫，以及无数个散发着文化气息和精神气息的社会活动场所共存。游客们被樱花、高山和雄伟壮观的日本国家公园所吸引。

这里还有为热爱徒步的旅行者准备的小道。其中包括 2008 年开通的信越小道，这是第一条徒步步道，游客可以尽情享受这无与伦比的里山美景（这里人与自然之间的互动得到保护），融入当地文化，感受当地人的热情好客。这条小道沿着长野县和新潟县的边界顺着关田山脉延伸，平均海拔 1000 米。它是仿照美国阿巴拉契亚山道设计的，将小镇和村庄连接在一起，形成一个网络，徒步旅行者可以参观沿途的景点和村落，并在传统的住所中休息。虽然这条小道（日本最古老的步道之一）长期用于商业和旅游业，但仍然是日本最鲜为人知的步道之一。

第 120 页图：樱花盛开是一件最令人期待的事情。在盛开的樱花树下，铺上蓝色的桌布，欣赏象征生命轮回的樱花凋落，这是日本的一种习俗。

● 第 1 天　　　● 第 4 天
● 第 2 天　　　● 第 5 天
● 第 3 天　　　● 第 6 天

关田山口
布苏诺山口
阿马米祖山
霍托克加明托赞古池
赤池
涌井
马达劳山

起点: 马达劳山

终点: 阿马米祖山

全程: 80 千米

时间: 6 天

难度: 易

住宿: 帐篷或旅馆（因为旅馆不在小道上，所以需要提前预订往返小道与旅馆之间的车票）

第 120—121 页图: 海拔约 2800 米的妙高山，这是一座形成于 30 万年前的成层火山，位于新潟县妙高市西南部。

生态理由: "satoyama" 是一个日语词，是指位于山麓和农田之间的区域，它描述了日本山区居民与自然之间的共生互动。当地居民利用山林的价值和资源来改善自己的生活，并在尊重生态系统平衡的前提下开展农业、林业和渔业等活动，人类福祉和自然界的物种多样性完美结合。在里山地区徒步旅行，就是一种在自然美景和日本山区文化之中的浸润。

探索信越小道附近小河及其周边地区的最好方式是乘船。船夫们用长竹竿来掌舵。

第123页左图： 桂乐湖周围的禅宗花园。这是一座以抽象化和程式化方式提供微型景观的传统花园。

第123页右图： 日本神道教寺庙是日本非常重要的建筑，具有日本建筑的基本特征。

第1天：马达劳山—赤池

信越小道从马达劳山顶开始。往山下走，来到曼扎卡山口，沿着小道继续在山上穿行，穿过美丽的日本山毛榉林和白桦林，您就可以到达哈卡马的湿地。大约1小时后，穿过湿地，爬上一座与湿地同名的山——哈卡马山，往西可以看到妙高山的壮丽景色。然后，沿着一条令人愉悦的小道下山至赤池。

第2天：赤池—涌井

从赤池出发，来到一座小山丘上，穿过一片榉树林，行至努曼诺哈拉湿地。春天，这片湿地一派繁花盛开的景象，其他季节也非常迷人。探秘完湿地之后，您可以上山前往诺佐米湖。来到山顶，如果天气晴朗，从山顶上可以看到马达劳山、哈卡马峰，甚至是妙高山。随后，开始下山，小道穿过一片美丽的森林，向山下延伸到诺佐米湖湖畔。爬上鬼无山山顶需要30—

40 分钟，在山顶可以看到饭山盆地的美丽风景。下山穿过一片落叶松林，来到一座名为"涌井辛克"的池塘边。从这里沿着大路走，这段路很好走，一直通往涌井村的 292 号公路。

第 3 天：涌井—霍托克加明托赞古池

从涌井出发，穿过一片森林和雪松林，来到富仓山口。这也是当地人上山采蘑菇和草药的一条小路。这个山口曾经是信浓和越后之间的集贸市场。您在这里还可以看到穿过信越小道的古道遗迹。很快，您会走到历史遗迹大朔镇。上杉谦信（16 世纪的越后军阀）在此修建了一座瞭望台，以控制饭山和基塔山口。在小道上面的山顶上，有一座小小的神庙，用来祭祀为上杉军士效力而战死的牛马。小道继续延伸到苏武湖，随后通往黑岩山。您下山行至一座峡谷，然后到达一座驿站，在这里吃午餐。最后，还有一段极具挑战性的路程——爬黑岩山。黑

前往时间： 6 月至 11 月。

前往方式： 从东京机场乘坐火车再转大巴到达马达劳（共计 250 千米）。

携带行李： 日本地图（母语版）及小道地图（母语版），因为在当地很难买到外语版地图。还要带上帐篷、睡袋、水壶、徒步靴、登山防水服、头灯、食物、零食、指南针、防晒霜、药品、急救箱、手机（或对讲机）、备用电池。

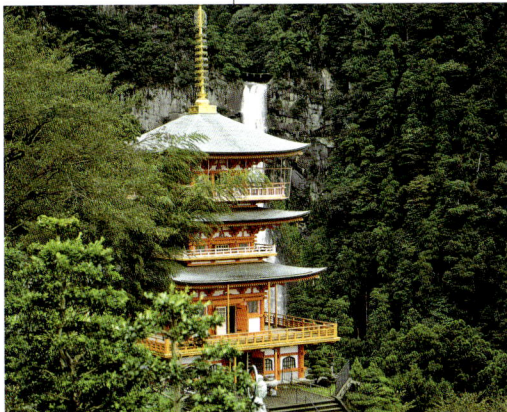

岩山是日本的一座自然丰碑，是珍稀的岐阜蝶、姬岐阜蝶和树蛙的栖息地。在桂乐湖周边地区，春天会有臭菘花，这里还有一个名叫"芋头清水"的天然泉源。从希马拉鲁山口出发，沿纳卡古池湖西岸行走，穿过森林之中的基塔古池湿地，到达标有"信越小道"标识的干道上。从这里开始，小道进入一片国家森林，一路起起伏伏。最后，您终于来到通往霍托克加明托赞古池的最后一段陡坡。这是托加里滑雪场其中一个斜坡的顶部，也是第 3 天行程的终点。在这里，您可以欣赏到野泽温泉全景。

第 4 天：霍托克加明托赞古池—关田山口

从霍托克加明托赞古池出发，来到小泽山口。如果您从新潟这边下山，就会到达嘉八湖；如果您从长野这边下山，就会到达托加里滑雪场的同代拉滑坡道。无论从哪边下山，都可以

回到小道上。小道穿过一片壮观的百年榉树林，您将在此驻足，吃午餐。爬锅仓山时务必十分小心，天气不好时尤其要注意。爬山虽然很辛苦，但能够欣赏到妙高山、燧山及千隈河的壮丽风景，一切都是值得的。在库洛库拉山停留片刻，您可以在此欣赏日本海。翻过多加塔山口，下山来到关田山口。靠新潟这边有一个信越小道游客中心，您可以在这里问询。接近关田山口，可以参观查叶科池。

第 5 天：关田山口—布苏诺山口

一路上有许多高低不平、起起伏伏的山路，这是小道中最难走的一段。不过，正是应了"无限风光在险峰"这句话，路虽难走，但天然美景诱人。山间点缀着各种应季的花朵，还有蘑菇和榉树树苗。天气好的时候，从关田山口来到布苏诺山口，您可以看到日本海和佐渡岛，此处也是一个观看金雕的好地方。从这里，您沿着哈纳达特山山脊走一段比较陡峭的山路，可以欣赏美得令人窒息的风景。过了乌特苏诺马塔山口，来到"鬼湖"马博洛希诺伊克。湖的四周是一片榉树林，这里是树蛙和日本黑色火蜥蜴的王国。当您离今天行程的终点布苏诺山口越来越近时，可以瞥见黑希加塔克山，它是新潟的参照点。

第 6 天：布苏诺山口—阿马米祖山

今天的行程是前往信越小道最北端的阿马米祖山，也是最令人满意的行程之一。小道几乎完全淹没在壮丽的榉树林中，新潟三角洲全景尽收眼底。从布苏诺山口出发，来到篑川山口，然后继续前往诺诺米山口。在离诺诺米山口不到 800 米的地方，在小道旁不远处，您会看到尼西马多湿地。从山口有一条森林小路通向三阪山口，这是一个非常适合驻足观景的地方。从三阪到阿马米祖山的最后两小时行程中，途经海拔 1138 米的桑波塔克山。这条小道蜿蜒穿过榉树林，南北两侧都有无穷的美景。到达海拔 1088 米的阿马米祖山山峰时，您还可以欣赏到图南风景，这里是小道的终点。离开信越小道有三种途径可供选择：第一，最近的交通枢纽是北部的松口山口，大约 45 分钟的路程；第二，向东前往图南，需要 1 小时；第三，向南前往荣市，需要 2.5 小时。

第124页上图：纳纳塔基是日本100条最美丽的瀑布之一，位于新潟县妙高市。瀑布十分雄伟有力，落到地面上有回声。

第124页下图：小道沿途河流上的一座吊桥，真是一处迷人的美景。

第125页图：日本尾濑国家公园中的一片蕨类植物。该公园位于新潟县、福岛县和群马县之间，是一座重要的自然丰碑。

▶ 生态小贴士

　　这次旅行由信越徒步俱乐部组织，该俱乐部通过长野县认证。该俱乐部的宗旨是管理和维护小道周边的多种生物物种，让小道变得越来越美丽，同时也促进了当地历史文化遗产的保护工作，并为游客讲解步道周边的自然环境。徒步旅行还让旅行者在山区过夜期间感受到当地人的朴实与热情。由于湿地中有受保护的植物，因此限制进入。

实用网址
s-trail.net/english
japan.travel/en/

虎跳峡高路徒步

中国幅员辽阔，从喜马拉雅山脉到太平洋海岸线，地理环境和气候变化多样。在环境方面，一系列数据令人印象深刻：中国植物物种占世界植物物种的 1/10，动物物种占 14%。这些遗产被保护在 2740 个自然保护区中，这些保护区占中国国土总面积的 1/6。云南省位于中国西南部，由于居住于此的民族众多，因此呈现出文化的广泛性。此外，云南省物种丰富。云南大部分地区依然保持着古朴的民风。

虎跳峡位于云南省。它是世界上最深的河流峡谷之一，深 3900 米，由长江支流金沙江深切而成。峡谷被白雪皑皑的群山环绕，陡峭蜿蜒的小道穿过峡谷，形成一幅令人难以置信的美景。靠近峡谷谷口的地方是虎跳岩，传说一只逃避猎人追捕的老虎从此处跳过了江，这里的江面宽 25 米，"虎跳峡"因此得名。该峡谷是联合国教科文组织认定的世界文化遗产景点三江并流保护区的一部分，需要购买门票进入。亚洲最重要的 3 条水域流经此处，这 3 条江分别是长江、澜沧江和怒江。这条小道被称为"高路"，是一条很好的路线，可以俯瞰江面，视野开阔。

第 126 页图：石虎雕像。传说，一只老虎为逃避猎人的追捕，从这里宽 25 米的江面跳了过去。

大具

中途客栈

桥头

● 第 1 天
● 第 2 天

起点: 桥头

终点: 大具

全程: 30 千米

时间: 2 天

难度: 易

住宿: 客栈

第126—127页图: 气势磅礴的长江切断了丽江北部山脉中最深的峡谷之一。徒步沿着路标清晰、非常著名的路线行进。

生态理由: 自21世纪初, 中国开展了一系列保护国家自然资源的工程项目。其中, 20世纪90年代作为旅游资源推出的虎跳峡就是保护野生生物和三江水道的重要项目。该地区还有相当多的动植物物种, 其中一些物种十分稀有。

前往时间： 5 月、10 月、11 月前往最佳，其他时期雨水多，道路湿滑，危险。

前往方式： 距离徒步起点最近的机场在丽江。从丽江出发，乘坐大巴至桥头，需要 2 小时。

携带行李： 防滑鞋、风衣、防水披肩、登山服、水壶、能量棒、急救箱，以及相机和摄影设备备用电池、器材防水布、母语地图。

第 1 天：桥头—中途客栈

从上虎跳峡附近的桥头（即虎跳峡镇）出发，步行几小时到达纳西民宿，您可以在此休息、吃午餐。接着，继续走 2 小时，来到被称为"二十八道弯"的急弯处。这是该路线中最具挑战性的一段，山路蜿蜒而险峻，但沿途的风景没有辜负您所有的努力。稍事休整，再走 2 小时到达中途客栈。中途客栈在高路的中点处，您可以在此欣赏到玉龙雪山及金沙江峡谷的壮丽风景。

第2天：中途客栈—大具

　　在去往蒂娜客栈途中，您会看到许多美丽的瀑布和峡谷。在蒂娜客栈稍作休息，继续沿着一条斜坡陡峭的小路来到长江岸边，观赏满天星礁段，峡谷在这里变窄，激流的景色令人回味。继续沿着小道走到下虎跳峡，过江到大具，徒步旅行到此结束。

第128页上图： 小道的很多路段蜿蜒曲折，陡峭地延伸至山顶。

第128页下图和第128—129页图： 峭壁上的路。雨天，这些岩石很湿滑，道路泥泞，建议秋天来这里。

第128页上图 ... 第128页下图和第128—129页图

生态小贴士

　　所有的小道都由当地人开发和维护，因此他们会收取少量费用，他们可贵的劳动应当得到尊重。

实用网址

whc.unesco.org/en/list/1083
https://www.lijiang-travel.com/
Halfway_ Guesthouse

西藏甘丹寺至桑耶寺徒步

第 130—131 页图：位于拉萨达孜县内拉萨河南岸旺波日山山上的甘丹寺，海拔 3800 米。

西藏位于世界最高的高原上，这里寺庙林立，极目之处皆是风景，其魅力毋庸置疑。西藏除了环境未被污染，其文化也反映了古老的藏传佛教传统，是追求精神生活者的理想去处。寺庙里香气缭绕，信众转动经轮，诵经念佛，双手捧杯敬献酥油茶以示感激的仪式，所有这一切，加上美丽的风景，让这趟神奇土地之行终生难忘。从甘丹寺到桑耶寺的小道是世界上最好的徒步路线之一。这是一次深入传统藏传佛教兴盛之地之行，探湖泊，翻雪山，过草地，走村庄，访古老圣地，最后到达桑耶寺。

不要低估了这次旅行对体能的要求，海拔高度就是一个严峻的挑战。实际上，您要从海拔 4500 米的甘丹寺出发，穿过海拔

起点：甘丹寺

终点：桑耶寺

全程：80 千米

时间：5 天

难度：中／难

住宿：帐篷

甘丹寺

阎王谷

翘楚谷

牧民营

阎王隐地

桑耶寺

● 第 1 天　● 第 4 天
● 第 2 天　● 第 5 天
● 第 3 天

生态理由：您一路经过壮观且难忘的景观，会遇到当地居民，他们非常包容、爱笑、乐于分享。这条路线可骑马或牦牛旅行。

131

5250 米的舒古拉山口，随后行至海拔 3540 米的桑耶寺。如果您直接从拉萨前往，必须在甘丹寺停留至少一晚，以便适应环境。

第 1 天：甘丹寺—阎王谷

徒步之旅从甘丹寺开始，您可在这里租一头牦牛或一匹驮马与您做伴。甘丹寺是格鲁派六大寺院之一，格鲁派是藏传佛教中形成最晚的教派。除了宏伟的建筑及其重要的宗教地位，这里还有美丽的甘丹王坡山风景。建议您出发前先快速领略寺院周边的风景，鸟瞰寺院建筑后方的奇楚山谷。然后向图布希村行进，随后下山来到只有约 30 户人家的合普村。继续前行，来到阿尼帕贡，这里曾经有一座小的尼姑庵。然后，这条小道穿过沼泽田野通到阎王谷，您可以在这里宿营。

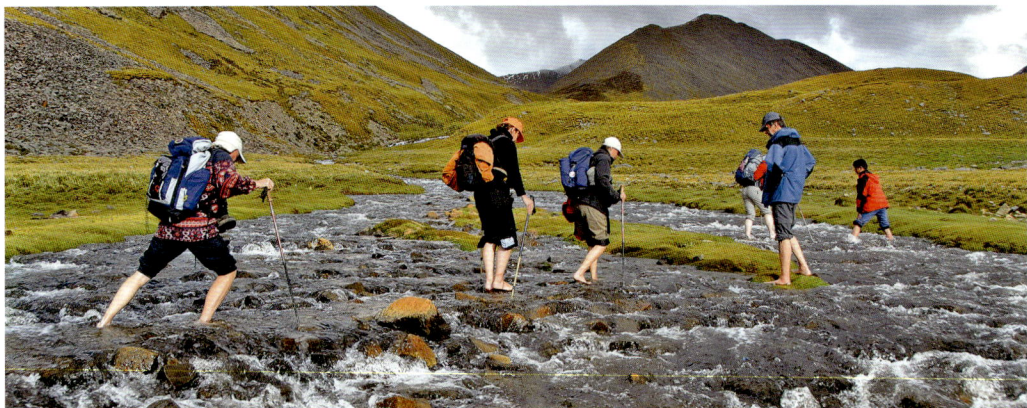

第 132 页图： 一群徒步旅行者赤脚涉水走过流经宽阔山谷的翘楚河。在这里，您会遇到成群的山羊、绵羊和牦牛，必须小心藏獒。

第 133 页左图： 一位妇女站在阎王谷里的一顶帐篷门前。

第 133 页右图： 桑耶寺始建于公元 8 世纪，占地面积超过 2.5 万平方米，是根据佛教著作中对宇宙的描述而建造的。

第 2 天：阎王谷—翘楚谷

早晨离开阎王谷，穿过杂草丛生的盆地，向海拔 5250 米的舒古拉山口攀登。小道穿过山谷，您可以俯瞰湖景，这是整条路线中最美的风景之一。随后下山，跨过流经山谷的翘楚河。您也许会遇到山羊群、绵羊群或牦牛群，要小心牧羊犬藏獒咬人。晚上在山谷里宿营。

第 3 天：翘楚谷—牧民营

今天继续徒步旅行，蹚过翘楚河，沿着一条宽阔的山谷行走，山谷很快向南蜿蜒到海拔 5210 米的奇图拉山口。然后再向下走一段短坡就来到一个盆地，盆地里有 3 个小湖，小道在第一个湖的西岸，然后转入第 2 个湖的东岸。大约再走 1 小时，就来到坐落在山谷东坡上的第一个季节性牧民营地。小道从这里进入一片柳树林和玫瑰丛林。走出丛林后，再走 20 多分钟，就来到另一个季节性牧民营地，位于甘帕拉侧谷与主谷交会点附近。最后，跨过一座桥来到东侧河岸，晚上就在此宿营，这里有许多可供您选择的营地。

第 4 天：牧民营—阎王隐地

一早，沿着流进附近山谷的一条河的东岸走过一段宽阔易行的路后，进入山谷。在山谷里，穿过一片片森林和草地。继续前行，您就来到阎王隐地岔路口，这里有一家小店，店里有软饮料、啤酒和方便面出售。继续向阎王隐地攀爬。从阎王隐地返回后，您将在小店附近的营地过夜。

旅行小贴士

前往时间： 5 月中旬至 10 月中旬最佳，气候宜人。

前往方式： 从拉萨机场乘坐大巴到 64 千米外的甘丹寺。

携带行李： 帐篷、睡袋、徒步靴、长袖衫、长裤、风衣、食物、水壶、矿质质补充剂、帽子、太阳镜、防晒霜、唇膏、急救箱、治疗高原反应的药物、创可贴、头灯、备用电池、相机和摄影设备防水布、地图、防蚊液。

第 5 天：阎王隐地—桑耶寺

小道由此变为宽阔的道路，适合汽车通行，山谷也宽阔了很多。来到一座桥边，沿着山谷右侧的一条小路前行。继续行走，在山谷中央您可以看到合坡里，这是西藏最神圣的山脉之一。沿着这条路前行，经过许多村庄，最后到达桑耶寺。桑耶寺是公元 8 世纪修建的西藏第一座佛教寺院，是中国最重要的旅游目的地，也是这条徒步线路的终点。

▶ **生态小贴士**

务必对这座自然天堂里的野生生物保持敬畏之情，要与沿途遇见的所有动物保持距离。通过购买当地的商品和服务来帮助当地商店店主和旅游业经营者，这是一件好事。拍摄人物前务必征得当事人的同意。

实用网址
https://tibet.net

尼泊尔

起点: 贝西萨哈尔

终点: 博卡拉

全程: 191 千米

时间: 17 天

难度: 中 / 有挑战性

住宿: 旅馆或帐篷

第 134—135 页图: 一个人牵着马走在马相迪河河面的一座吊桥上。马相迪河长 150 千米,由马崀村附近的两条溪流汇聚而成。

生态理由: 总部设在加德满都的尼泊尔徒步和导游组织设计了一系列包括这条路线在内的喜马拉雅山徒步路线,目的是在尊重环境及其价值的同时,对这片土地进行探索。长期以来,这个组织一直致力于为大众服务,促进教育、健康、预防性卫生及供水和太阳能等相关项目的发展。在 2015 年发生可怕的地震之后,该组织为重建工作做出了贡献。

安纳普尔纳环线

位于中国和印度之间的尼泊尔盛产牦牛，寺庙众多。该国不仅有丰富的历史文化和艺术瑰宝，还有壮丽的风景，拥有许多风景独特的小道。这里的居民和自然环境和谐共存，一样淳朴、美丽。如今，对于那些热衷于在喜马拉雅山的大山小丘以及丛林中亲近和探秘大自然的旅行者而言，尼泊尔是徒步旅行者的天堂。

安纳普尔纳位于尼泊尔北部，徒步旅行者经过村庄，穿过森林，来到安纳普尔纳1号峰和道拉吉里峰两座山的山脚下。这两座山是著名的8000米级高峰中的两座，跨越既让人兴奋又令人满足的喜马拉雅高原。

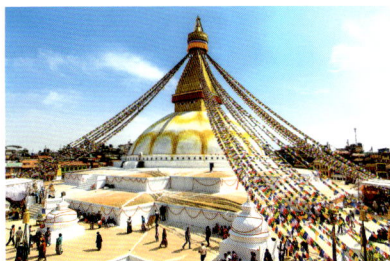

图例：
第1天　第7天　第13天
第2天　第8天　第14天
第3天　第9天　第15天
第4天　第10天　第16天
第5天　第11天　第17天
第6天　第12天

路线地图：
穆格蒂纳特　托龙菲迪　勒达尔
约森　马崖　皮桑　查姆
卡洛帕尼　塔托帕尼　巴加尔查普　查姆耶
果热帕尼　甘德龙　巴文丹达
丹普斯　博卡拉　贝西萨哈尔

第135页上图： 加德满都山谷中帕坦杜巴广场上的克里希纳庙及其他历史纪念建筑，已被联合国教科文组织列为世界文化遗产。

第135页下图： 佛塔是一种佛教纪念碑，象征着慧根，是佛陀及其修行正果和宇宙观的体现。

第1天：贝西萨哈尔—巴文丹达

在真正开始徒步前，为适应当地环境，明智的做法是花几天时间游览尼泊尔首都加德满都。徒步旅行从贝西萨哈尔开始，沿着马相迪河，跨过一座长长的吊桥和一条美丽的瀑布，这条瀑布成就了一座天然游泳池。在今天行程的最后，您将到达巴文丹达市，

这里有一座温泉，北部还有壮丽的风景。

第2天：巴文丹达—查姆耶

今天的行程从一段激动人心的经历开始。跨过一座悬臂桥，再跨过一座吊桥，沿途经过一些小村庄，您可以看到石头房子、少数热带植被以及大量的民俗景观。最后，到达今天行程的终点查姆耶。

前往时间： 4 月至 5 月、9 月至 10 月最佳。

前往方式： 从加德满都乘坐小汽车或大巴到达贝西萨哈尔，行程 180 千米，需要 5 小时。

携带行李： 徒步靴、防风裤、夹克、手套、保暖内衣、快干 T 恤、极地羊毛夹克、巴拉克拉瓦盔式帽、围脖、太阳镜（100% 过滤紫外线）、羽绒服、登山杖、防尘面罩（或纱巾）、急救箱、防晒霜、润唇膏、能量棒、水壶（至少 2 升）、头灯、相机、备用电池、电池充电器、路线图、笔、望远镜、耳塞、防蚊液。

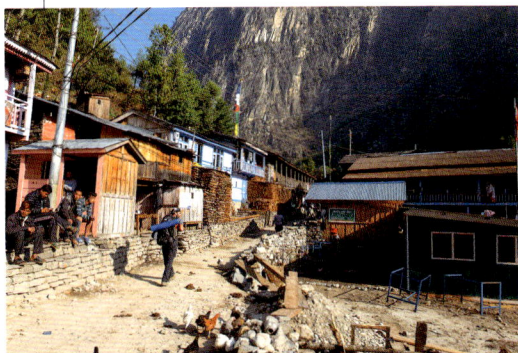

第 3 天：查姆耶—巴加尔查普

从查姆耶出发，经过马崀地区，您会遇到博提亚人，以及农民、牧民和跨越喜马拉雅地区的商人。沿着这条小道逐步攀登到巴加尔查普市，您可以欣赏到安纳普尔纳峰和蓝琼希玛尔山的美景。

第 136—137 页图： 安纳普尔纳环线上的徒步者及绘有经文的石头。这些经文有助于冥想，给人们带来精神上的慰藉。

第 137 页上图： 查姆城是马崀区政府总部所在地，是尼泊尔人口最密集的地方。

第 137 页下图： 在徒步旅行途中的一座小村里，一名正在洗厨具的年轻女子。

第4天：巴加尔查普—查姆

离开巴加尔查普后，山谷开始变窄，山谷中有茂密的阔叶林。今天行程的终点是查姆。查姆是马岚区的中心，当地政府所在地，有许多有趣的宗教建筑和温泉。

第5天：查姆—下皮桑

继续沿着山谷前行，穿过山谷里的松树、铁杉和雪松林。小道一路通往下皮桑。要想欣赏海拔8000米的安纳普尔纳Ⅱ号山，就必须绕道前往比下皮桑海拔高100米的上皮桑。这里的女人主要负责务农，男人主要负责经商，闲时也帮忙做些农活。

第138页上图： 上皮桑的一座村庄。在这里您可以看到海拔8000米的安纳普尔纳峰及其壮丽的景色。

第138页左下图： 安纳普尔纳环线沿途迪库尔博卡里附近的木桥。

第138页右下图： 皮桑附近的安纳普尔纳峰全景。

第139页图： 安纳普尔纳峰前一面古老的马尼祈祷墙。

第6天：皮桑—马岚

从皮桑出发到下一站有两条小道可选，其中一条小道位置较低，另一条位置较高，路途较长，但可以欣赏到安纳普尔纳峰的独特美景。第二条小道上的徒步者较少。两条小道最后都会在大村庄布拉加交会。布拉加有该地区最古老的寺庙。由此再行走30分钟便可到达马岚。

第7天：马岚

在马岚逗留一天以适应环境，降低高原反应的风险。马岚地理环境优美，可徒步欣赏湖景、洞穴、山丘和寺院。

第8天：马岚—勒达尔

离开马岚，建筑变得越来越少，穿过草地和桦树林，沿途您可以看到该地区特有的贺兰山岩羊。最后，到达海拔

4200 米的勒达尔。

第 9 天：勒达尔—托龙菲迪

为了平缓地攀爬山路，您需要稍微迂回绕行一段路，晚上在托龙菲迪过夜，为第 2 天过山口做准备。如果幸运，在午夜，您可能会看到雪豹。

第 10 天：托龙菲迪—托龙拉—穆克蒂纳特神庙

今天的行程从连续攀爬侧碛开始。托龙拉山口以一个大土丘为标志，是这次徒步旅行的最高点，海拔 5416 米，分为两座雄伟的喜马拉雅山谷。沿着卡利甘达基山谷往下走，来到印度教徒和佛教徒的朝圣地之一穆克蒂纳特神庙。

第 11 天：穆克蒂纳特神庙—约森

在今天要走的神庙附近的小道上，木斯塘（位于尼泊尔北部地区）的人们聚集在一起，向朝圣者兜售他们的手工制品。继续沿着小道前行，海拔 8167 米的雄伟的道拉吉里峰出现在眼前。经过卡格本尼城，到达约森。

生态小贴士

为了保护生态，建议使用可生物降解的肥皂或其他个人洗涤用品。在尼泊尔没有专门的地方处理废弃电池，游客必须把废弃电池带出尼泊尔。

实用网址

welcomenepal.com
unlimitedninehills.com /
annapurna-circuit

第12天：约森—卡洛帕尼

一路下山来到马尔法。这是一座被农田包围的小村庄，村子里的房子都是用石灰粉刷过的。继续沿着卡利甘达基河前行，雨影效应（由喜马拉雅山生成的云系所形成的，阻止了雨水降在背风坡上）一直影响着针叶林。最后，到达卡洛帕尼，您可以看到道拉吉里峰和安纳普尔纳峰的壮观景色。

第13天：卡洛帕尼—塔托帕尼

今天将开启一段令人愉快的行程，一路穿行在亚热带植被、印度水牛群、榕树及一品红之间。这条小道沿着卡利甘达基河延伸到一个狭窄的山口，穿过一条壮观的瀑布附近的一座桥，最后到达塔托帕尼。您可以在此泡温泉，洗个澡，放松身体。

第14天：塔托帕尼—果热帕尼

继续徒步前行，走过梯田，穿过茂密的杜鹃花森林，来到果热帕尼村。在山口露营，可以欣赏道拉吉里峰和安纳普尔纳峰白雪皑皑的雪峰上的日落奇观。

第15天：果热帕尼—甘德龙

小道蜿蜒穿过大片的杜鹃花丛和兰花丛，

来到迷人的甘德龙。在甘德龙，世界上最壮观的山脉之一安纳普尔纳山脉及鱼尾峰包揽了所有的看点。这是蓝琼希玛尔山脉和马拉斯鲁山脉的最佳观赏地点。

第16天：甘德龙—丹普斯

今天的徒步行程中有非常美丽的风景，尤其在前往丹普斯村的途中，风景美不胜收。

第17天：丹普斯—博卡拉

前几天一直在向高处攀登，今天开始下坡，穿过森林，到达谷底，小道一直延伸到徒步行程的终点博卡拉。

第140—141页图：勒达尔居民区附近的徒步者和牦牛。

第141页上图：马崀村。该村海拔3519米，许多徒步者会在这里停留以适应环境。

第141页下图：从博卡拉所看到的鱼尾峰和费瓦湖。在博卡拉城里有一座国际山脉博物馆，展览有登山史和当地居民史。

猫头鹰之旅

起点:	万树岗
终点:	塔帕岭寺
全程:	22 千米
时间:	3 天
难度:	易
住宿:	帐篷

第 142 页上图: 穿着典型的不丹服装, 在一座寺庙附近玩耍的孩子们。

第 142 页下图: 喜马拉雅虹雉羽毛鲜艳, 头的两侧长有一对隐形角。它们生活在森林中, 通常都非常胆小, 喜欢独居。

第 143 页图: 用来种植稻谷的田地和梯田。大米是不丹的主要粮食作物, 只有 1% 投放市场。红米比较特别, 是人工耕种的, 没有使用化肥和农药。

不丹被称为"雷龙之乡", 是喜马拉雅山脉上的一个国家, 这里的佛教文化和传统与日益全球化的世界相融合。不丹人尊重大自然, 并为此感到自豪。不丹甚至在宪法中规定, 每个人都是自然资源和环境的管理者。游客们会立刻被这种态度所感染, 入乡随俗, 身体力行, 尊重环境与动物。

这次徒步要穿过不丹文化中心布姆塘地区的一些山谷。这是一次穿越蓝松、桦树、枫树、红松、刺柏、竹子及众多种类的杜鹃花的森林之旅, 这些生长在幽静的深山野林中的草木, 令人回味深思。传统建筑作为宗教、军事、政治、行政和社会的中心, 在不丹佛教特色中起着相当重要的作用。漫步在布姆塘宁静的山脊上, 你可以欣赏世界上最美山峰那无与伦比的全景。这个地区的鸟类种类繁多, 处处有惊喜, 比如美丽的五颜六色的角雉, 在 4 月到 5 月的交配季节很常见。夜晚不时传来猫头鹰的鸣叫声, 这条徒步路线因此得名"猫头鹰之旅"。

● 第 1 天
● 第 2 天
● 第 3 天

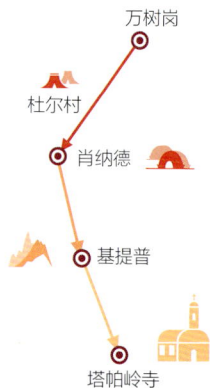

万树岗

杜尔村

肖纳德

基提普

塔帕岭寺

生态理由: 不丹是负责任的旅行地的典范。游客流量控制规则很明确: 人少, 收费高。也就是说, 每年只有有限数量的游客可以进入不丹, 而且在他们在不丹停留的每一天, 必须支付"保护国家文化"的政府税, 其中 37% 的税收直接进入国家财政收入, 用于医疗福利和教育。

第 1 天：万树岗—肖纳德

第一天的行程是从万树岗大本营出发，朝着海拔 2900 米的杜尔村方向进发。杜尔村的村民主要是凯普和布洛克帕游牧民族，他们讲两种完全不同的方言——布姆塘卡语和布洛克语。河边矗立着一座传统的水磨坊，曾经为当地人提供了收入。离开杜尔村继续前行，一路爬山，踩着没膝的杜松和铁杉，穿过蓝松林，向海拔 3450 米的肖纳德行进。晚上在肖纳德宿营。

第 2 天：肖纳德—基提普

在第二天的徒步行程中，穿过树下长满铁杉的红松林，您可以欣赏到许多种杜鹃花，这些杜鹃花在 4—5 月盛开。这条小道还穿过一片竹林，这是该地区最常见的灌木。经过几小时的步行，到达海拔 3600 米的德兰杰拉山口，从这里爬上基提普山脊，就到达海拔约 3870 米的宿营地。从这里可以看到令人叹为观止的白雪皑皑的群山及其下方的山谷。

第3天：基提普—塔帕岭寺

最后一天的行程是一段朝藏布哈尔哈、秀达克和塔帕岭等寺庙行进的下山路。参观这些寺庙，您可以了解僧侣的日常生活与习俗。猫头鹰之旅到这里就结束了，但小道继续沿着基基拉山脊延伸，顺着通萨和布姆塘之间的一条传统路线——皇家传统小道穿过山林。在旅行的终点，您可以欣赏到远处加卡宗的美景。加卡宗（意为"白鸟城堡"）建于1549年，为该地发挥过重要的防御堡垒作用。它也成为不丹第一任国王的登基之地。

> ### ▶ 生态小贴士
>
> 必须选择当地导游和旅行社。记住：亚洲人的时间观念与当地人完全不同。日常洗护最好使用有机产品。不要污染河流与小溪，随手将易拉罐和垃圾带到垃圾回收点进行分类处理。用水壶喝水，不用塑料瓶装水。您可以拍照或录像，但在宗庙宇、寺院及其他宗教场所内拍照或录像时请先与导游确认是否可以拍摄，因为有些地方禁止拍摄。
>
> **实用网址**
> tourism.gov.bt
> www.bhutan.gov.bt
> www.bhutan.travel

"幸福"旅游

在不丹旅游是一种奇特的体验，这不仅仅是因为您所置身的"魔幻"风景，更是因为作为一名旅行者，您可以参与到当地环境保护与地方建设的一些项目中去。这个坐落在喜马拉雅山脉上的佛教国家忠实于它的千年传统，已经决定利用旅游业的收入来为其公民提供物质福利和精神福利，造福百姓。游客进入不丹境内后，平均每人每天纳税200—250美元，这些税收用于小道的维护保养、环境保护，以及不丹基础设施的建设，让所有的不丹人都能享受到良好的医疗资源和免费的教育。旅游委员会的一些项目做得更好，利用旅游收入为贫困家庭的孩子提供一日三餐、书本、衣服、鞋子等。这种开明的政策目前效果良好。不丹以国民幸福总值来衡量其发展水平绝非偶然。

前往时间： 前往这条路线的最佳时间是暮春时节，也就是4月至6月初杜鹃花盛开的季节。秋天，在喜马拉雅山有时会遇到黑熊，务必警惕。还可以计划前往参加当地的节日活动，这也非常有趣。

前往方式： 帕罗国际机场是不丹的门户。从帕罗机场可转机前往巴塔帕拉塘，然后租一辆车，驱车1小时即可到达万树岗。

携带行李： 由于不丹海拔落差大，又受到印度北部季风的影响，所以不丹的天气变化非常大。必须带上帐篷、睡袋、保暖又舒适的衣服、防晒霜及专业服装，不要带背心、短裙和超短裤等。

第145页图： 塔克塘寺附近飘扬的经幡。

145

起点： 纳多鲁利斯角
终点： 卢因角
全程： 125 千米
时间： 5 天
难度： 中
住宿： 帐篷及景点

第 146—147 页图： 澳大利亚立文－纳多鲁利斯角国家公园雅林角附近岩石运河的连廊。

生态理由： 这里是一片远离城市的原生地，是所有想要探索这片区域极其多样的生物物种和地貌的旅行者的理想路径，只要旅行者遵守"不留痕迹"七条基本原则，恪守认真计划行程、注意选择宿营地、尊重野生动植物等户外旅行道德即可。

海角至海角徒步：
从纳多鲁利斯角至卢因角

　　澳大利亚拥有庞大而重要的生态系统，该国通过大量建立国家公园、自然保护区等，形成广泛的保护区网络，对这些生态系统加以保护。事实上，这个国家有数百个自然保护区，有极其多样的景观、20 个世界文化遗产景点和世界上最大的海洋公园系统。

　　澳大利亚拥有多种独特的生物物种，其中包括稀有动物袋熊、考拉、鸭嘴兽、短尾矮袋鼠、小袋鼠和袋鼠等。其幅员辽阔，有雪山、森林、热带草原、珊瑚礁群和未受污染的水域等多种景观。

　　澳大利亚最西南角，沿着立文 - 纳多鲁利斯山脉，在纳多鲁利斯角和卢因角灯塔之间，有一条引人入胜的海岸小道。在这里，您可以看到鬼斧神工的岩层、壮观的洞穴、从悬崖顶上看到的一系列美得令人窒息的全景，以及绵长的未受污染的海滩。在一年中的任何时候，都有很好的机会看到海豚。在每年 6 月到 9 月，座头鲸和南露脊鲸会游到靠近海岸的地方，此时是它们每年在南冰洋和更靠北的繁殖地之间迁徙的时间。

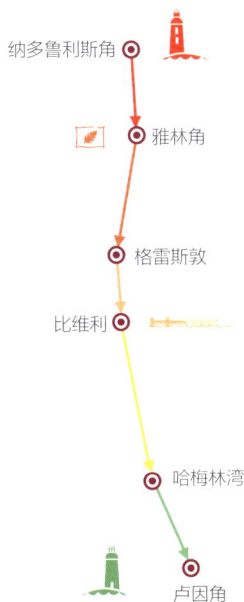

纳多鲁利斯角
雅林角
格雷斯敦
比维利
哈梅林湾
卢因角

- 第 1 天
- 第 2 天
- 第 3 天
- 第 4 天
- 第 5 天

第 147 页图： 坐落在海角上的纳多鲁利斯角灯塔，高 20 米，视野非常开阔，可以在导游的带领下参观。

第1天：纳多鲁利斯角—雅林角

纳多鲁利斯角灯塔（对游客开放），位于立文－纳多鲁利斯角国家公园的北边，是海角到海角小道的起点。从舒格洛夫岩附近的灯塔起，最开始的3.5千米对所有人开放。舒格洛夫岩是一个离海岸几百米的小岛。这条小道继续向雅林角延伸，晚上您可以住在雅林角森林度假村。度假村坐落在玛格丽特河谷一片壮观的葡萄园中，环境优美。

第2天：雅林角—格雷斯敦

小道旁高高的白垩悬崖是绝佳的观景台，从这里可以看到下方海里的鲸鱼和海豚。向内陆偏离小道不到300米的地方有奎宁纳普瀑布，这里冬春两季的景色最喜人。这个地区曾经是原住民努加尔人的重要定居地。壮观的威利亚布鲁普悬崖由花岗岩岩石构成，是攀岩者的天堂，也是一处壮美的

旅行小贴士

前往时间：全年都可以游览西澳大利亚。春季和秋季是最佳时间。牢记，小道在海边，经常会受到突如其来的天气变化的影响。

前往方式：距离小道起点最近的机场是珀斯国际机场，可以从机场租一辆小汽车前往纳多鲁利斯角，行程大约 260 千米。

携带行李：帐篷、睡袋、食物、水、净水片、一个舒适的背包、徒步衣物、徒步靴、防风防水夹克、换洗衣服、防晒霜、太阳镜、太阳帽、手电筒、备用电池、急救箱。

风景。您可以在格雷斯敦宿营过夜。

第 3 天：格雷斯敦—比维利

在第 3 天的行程中，您来到米卡达拉比瀑布，这是一片荒凉景色中的青翠绿洲。瀑布顺着凝灰岩的支脉翻滚而下，跌进下方的一个小洞穴中。穿过埃伦斯布鲁克庄园可以到达瀑布。埃伦斯布鲁克庄园是由阿尔弗雷德和埃伦·布塞尔于 1850 年建造的，是沿着这片海岸的第一个欧洲殖民地。布塞尔一家在这里生活了 7 年，他们种蔬菜，养奶牛，并用牛奶生产黄油和奶酪。这座房子可以参观，现由澳大利亚国民托管组织管理，该组织负责保护和完善澳大利亚的自然遗产和历史遗产。沿着小道走，小道旁一个颇具特色的白垩悬崖景观台可以俯瞰美丽的海滩，这个景观台被称为"乔伊的鼻子"，因为它看起来像一只从袋鼠妈妈的育儿袋里探出头来的小袋鼠"乔伊"。

随后来到玛格丽特河，这是该地区最大的通航水道，它沿着海角到海角小道旁的海岸流入大海。夏天借助沙洲很容易过河，冬天过河则有点儿困难，可能需要绕道。沿着小道继续前行，您会来到横跨布吉达普河的弗兰克莫里茨桥。建造这座桥所用的材料都是由一群来自"绿色军团"的年轻志愿者运到工地的。这条小道的大部分路段也都是由"绿色军团"在环境与保护部的监督下修建的。您可以在距离海滩不到 300 米的比维利公园海滩度假村过夜。

◢ 生态小贴士

　　游客不得随手扔垃圾，也不得以任何方式改变小道两旁的环境，即使只是向草丛中扔一块湿巾也会造成污染。不得采摘花草或带走石头及其他天然的物品。

实用网址

tourism.australia.com
www.nationaltrust.org.au/places/
ellensbrook
parks.dpaw.wa.gov.au/park/leeuwin-
naturaliste
www.yallingupforestresort.com.au

第 4 天：比维利—哈梅林湾

　　海角到海角小道上景观最全的路段之一是穿过一片杜鹃花，沿着悬崖可以俯瞰康托斯海滩的那一段。春天，野花遍地，你有可能会看到生活在这里的袋鼠。随后您就到了惊艳的博拉纳普森林。在这里，山顶背风面的变色桉树（澳大利亚桉树）的影子与饱经风雨的悬崖和海滩形成鲜明的对比。这片森林的许多树木在 1890 年被砍伐了，当时该地区的木材工业正蓬勃发展。经过 100 多年的再生长，各种树木和草皮得以恢复。博拉纳普海滩延伸约 8 千米至哈梅林湾以北处，这对远足者而言真的是一个挑战，因为沙滩非常柔软。最后，来到哈梅林湾港口废墟。哈梅林湾港口建于 1882 年，是为木材出口商服务的，发生了几次重大沉船事故后被弃用。

第 5 天：哈梅林湾—卢因角

继续徒步到舒适角以南的岩石路面，这些石灰岩上有许多因被侵蚀而形成的洞，遇上暴雨天气，汹涌的海水会从这些岩洞喷涌而出。侵蚀仍在继续，不断有岩石崩入海中。到达采石场湾后，跨过一座低矮的凝灰石悬崖，向立文水车遗址出发，这座水车曾经用于给灯塔管理员的家庭泵水。这里就是官方设定的小道终点，不过，绝大多数徒步者认为灯塔门才是真正的起点和终点。卢因角灯塔于 1896 年利用从附近的采石场湾所开采的石头建造而成，坐落在一个低矮的海角上，高 39 米，比纳多鲁利斯角灯塔高许多。卢因角灯塔还保持着多项纪录：它是印度洋和南大洋的分界点，也是澳大利亚大陆西南的顶点。

第 150 页左上图： 变色桉树是原生于澳大利亚最潮湿地区的一种桉树。

第 150 页右上图： 哈梅林湾中有一座 1882 年为出口木材而修建的码头的遗迹。

第 150 页左下图： 卢因角的立文水车曾经用于给灯塔管理员的家庭泵水，如今已不再使用。

第 150 页右下图： 卢因角灯塔是印度洋和南大洋的界标，也是澳大利亚大陆西南的顶点。

第 151 页图： 海洋保护区一处海滩上的岩石造型。

独木舟及皮艇路线

美丽的海滩，震撼的激流，平静的潟湖。和谐，平衡，充满节奏感。从平静的水面掠过，探索海湾、入海口和洞穴，或者勇斗激流，让心跳加速，把心提到嗓子眼，来一次刺激的体验。独木舟爱好者一直与大自然接触，大自然包围、欢迎着忘我的独木舟划船者，有时还会淹没他们。一天结束后，繁星满天的夜空看上去触手可及，这时可以根据个人需要去社交，也可以享受独处。

在河里，在湖中，或在海上，划独木舟都是安全而快捷的玩水方式。佩斯独木舟起源于中石器时代（前8040—前7510年），用苏格兰松木制成，是已知存在的最古老的船。

原本是为了连接两岸，用于运输、垂钓或作为桥梁而诞生的独木舟，在19世纪中期成为一种简单易行的旅游和运动项目，引发一种独特的情感。

要随时做好落水的准备：为了安全地享受惊险的旅行，从新的角度探索美妙的风景，您应该至少进行一些技术准备，身体健康，当然还要会游泳。

您可以从海洋哺乳动物保护区厄尔巴岛穿过海洋生物丰富的清澈海域。或者您也可以在公园里探索港口和自然保护区，这里像新西兰一样限制游客数量，以便保护自然环境。或者像在瑞典一样，您可以在生态可持续的玻璃小屋里度过一个环保的夜晚，享受沉浸式的独处和安静。

美国佛罗里达州的观鸟者将会在一个独特的生态系统中发现"天堂"。最勇敢的人将会选择湍急的法国阿尔德什河，而那些想了解当地习俗的人将会选择一条欧洲最美丽的路线，沿着路线中的湖泊和河流网络泛舟穿过波兰的村庄。

独木舟爱好者在某种程度上也是河流和海洋的卫士。如果他们发现塑料、垃圾、死鱼或油料泄漏等情况，会向当地政府报告，那些进入水域的人必须接受问询，并在清理干净水域后离开。

第153页图：皮艇旅行适合大多数人，包括幼儿。图为一个家庭在美国佛罗里达州的一条河上划皮艇。

达尔斯兰周边泛舟

设计、美食、传统，这些都是重要的资源。然而，在瑞典，大自然才是主宰。瑞典的旅游基础设施散布在湖泊、山脉、荒野、森林和公园中，分布合理，管理有序，不计其数的小道标识都很清晰，住宿房屋都采用可持续性构造，各城镇都有得力的环境保护方法。瑞典自然资源丰富，其保持了人均拥有公共公园量最多的世界纪录，而且它所有的国土——无论是国有的还是私有的——都允许公众进入，保证了人们自由活动的权利。在瑞典，由于当地尊重文化和严格执行法律，人们尽一切努力使环境尽可能地保持完整。

达尔斯兰位于瑞典西部，距离哥德堡东北部两小时车程，有从山区到茂密的北方森林、从平原到清澈的湖泊等多种多样的自然环境。瑞典的湖泊系统一直是最受独木舟爱好者欢迎的欧洲景点之一，您可以在深 100 米的湖上滑翔，也可以选择在一处小海湾驻足，还可以沿着达尔斯兰运河划桨泛舟，这条运河所连接的通航湖泊长达240 千米。探险爱好者也可以考虑划船前往挪威，沿着哈尔登运河继续前行。

第 154 页图： 达尔斯兰是瑞典西南部一个历史悠久的省份，是西约塔兰郡的一部分。

- 第 1 天
- 第 2 天

巴尔德斯纳斯

卡纳尔维兰

达尔斯兰活动者之家

达尔斯兰

起点： 达尔斯兰活动者之家
终点： 巴尔德斯纳斯
时间： 72 小时（最多）
难度： 易

住宿： 设计简单而实用的玻璃小屋。玻璃小屋的设计灵感来自当地谷仓的形状，所有的材料都来自当地的供应商。所有的小屋都建在台柱上，这样就不会在环境中留下永久的痕迹。

第 154—155 页图： 爱德附近的一个湖。这个地方有大约 400 个湖泊，游客可以游泳、划独木舟、钓鱼和乘船旅行。

生态理由： 在这些露营地，需要购买一张自然保护区卡。此卡有助于可持续的旅游，表明购买者认可对公共资源的责任。

前往时间： 6 月至 9 月（7 月出现午夜的太阳）。

前往方式： 可乘坐火车前往瑞典，最近的机场是哥德堡机场。从机场可继续乘坐火车、大巴或小汽车到达尔斯兰，距离约 150 千米。

携带行李： 入住玻璃屋的游客会发现这里吃、喝、洗、睡等物品一应俱全。尽管如此，任何时候都建议您带上头灯、划皮艇时戴的眼镜、帽子、可生物降解肥皂、防蚊液和一个轻便的小背包。

在大自然薄雾笼罩中的 72 小时

在达尔斯兰开展了一项实验：5 名实验参与者完全沉浸于大自然 3 天，透过特制玻璃屋透明的屋顶享受星光灿烂的夜空。他们生篝火，泛舟，游泳，钓鱼。在完成这些活动体验之后，研究人员对他们进行了跟踪，以了解这种环境对他们的影响。研究结果发现，参与者们的压力减少了 70%，血压也降下来了，他们不再焦虑，创造力上升。您也可以在达尔斯兰活动者之家或巴尔德斯纳斯黑格尔德参与这种独特的实验。在埃尼门湖私人小岛亨利克斯霍尔姆岛上还有 5 间玻璃小屋，那里完全无人居住。独木舟运动者会发现这里有吊床、划桨船、钓鱼竿、独木舟、皮艇和桑拿浴室。组织者还提供早餐、盒装午餐和晚餐。注意：小屋最多只能订 3 天，这是生态旅行的上限。这里推荐的路线是一条 2 日游路线，涉及达尔斯兰最主要的生态景点。

第 1 天：达尔斯兰活动者之家

在达尔斯兰活动者之家，玻璃小屋坐落在伊韦格湖边。沿着湖岸两边泛舟，湖的两岸有沙滩、岩石、森林和耕地，您可以在沙滩边停下来游泳。在湖中心非常静谧的地方有一座被森林覆盖的大岛——斯库格托普森岛，另外还有许多小岛。从湖上您可以看到斯蒂纳百纳斯庄园，以及庄园里田园诗般的传统木制避暑山庄。

第 2 天：巴尔德斯纳斯

第 2 天，您行至距离约 10 千米的巴尔德斯纳斯，再住进另一间玻璃小屋，或者入住巴尔德斯纳斯黑格尔德庄园。在庄园的右侧有一个小港口，从这里您可以划一艘独木舟在被列为自然保护区的半岛附近游览，然后再沿左侧划船回庄园。这条路线大约长 5 千米。从水上您可以看到两岸的森林、草地以及布满小鹅卵石的沙滩，您可以在这些地方停下来休整片刻。继续沿着半岛向南划行大约 5 千米，到达卡纳尔维兰旅馆。途经许多大大小小的沙滩，这里没有娱乐休闲场所，没有酒吧，没有饭店，只有大自然。从卡纳尔维兰旅馆出发，专业皮划艇运动员可以穿过第一道水闸进入达尔斯兰运河，划行到达尔斯兰。继续向前划行一小段，您可返回巴尔德斯纳斯黑格尔德庄园。庄园为一天在外的游客准备了野餐篮。

第156页上图：在克罗佩峡一个湖里划船的一对父子。克罗佩峡是一座高原，1997年被设为自然保护区，占地11.25平方千米，其中有许多湖泊、沼泽和森林。

第156页下图：一间生态可持续玻璃小屋，小屋前面有几位幸运的游客。像高脚屋一样，玻璃小屋建在用当地木材做成的木基上。

第157页图：这些别致的玻璃小屋位于巴尔德斯纳斯黑格尔德庄园的岛上、达尔斯兰活动者之家以及埃尼门湖中心的私人岛屿亨利克斯霍尔姆上。

第158—159页图：这些与外界隔绝的简陋的玻璃小屋，让您体验到与大自然的亲密接触。

生态小贴士

可以通过瑞典专业的生态旅行运营商来帮助您规划行程，《自然最好》是欧洲生态质量的领先标准，旅行中确保严格遵守行为准则，并对旅游目的地环境做出积极贡献。

实用网址

visitsweden.com

naturesbestsweden.com/en

dalslandnordmarken.se/en/nature–conservation–card

dalslandsaktiviteter.com baldersnas.eu

克鲁提尼亚河上泛舟

波兰是欧洲的一部分，从波罗的海一直延伸到喀尔巴阡山脉，拥有千年历史。波兰的数百座遗迹，以及包括海洋、湖泊、河流、森林和山脉在内的野生大自然见证了它的千年历史。波兰拥有 16 个世界遗产景点和 11 个联合国教科文组织生物圈保护区，这并非偶然。波兰是一个适合户外运动的国度，可以开展徒步旅行、骑车、越野滑雪、钓鱼、骑马和划皮艇等活动。克鲁提尼亚河是欧洲最美丽的划皮艇路线之一。它发源于莫拉格地区，流经许多湖泊，这些湖泊之间由各种各样的水道相连（通常以流经的湖的名字来命名）。该路线蜿蜒穿过冰碛山、皮斯卡森林和马苏里亚风景公园。除了美丽的风景和自然风光外，设备齐全的旅游基础设施也吸引着皮艇爱好者。在这条河的沿岸，有波兰旅游观光协会经营的食宿场所。该协会是一个非政府组织，在波兰拥有 312 个连锁机构，是欧洲最古老的旅游协会之一，服务于现代探险家。

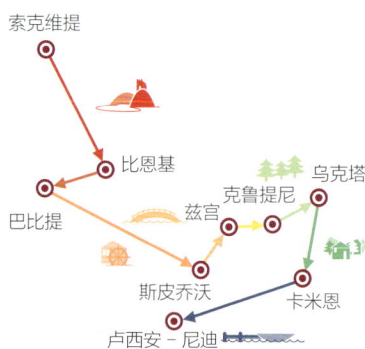

第 160 页图：波兰马苏里亚湖区克鲁提尼亚河鸟瞰。该河流入贝尔达尼湖，贝尔达尼湖与罗斯湖由无数运河和湖泊相连接。

索克维提
比恩基
巴比提
兹宫
克鲁提尼
乌克塔
斯皮乔沃
卡米恩
卢西安－尼迪

● 第 1 天   ● 第 5 天
● 第 2 天   ● 第 6 天
● 第 3 天   ● 第 7 天
● 第 4 天   ● 第 8 天

起点: 索克维提

终点: 卢西安－尼迪

全程: 102 千米

时间: 8 天

难度: 易

住宿: 旅馆或营地

第 160—161 页图: 湿湖上的独木舟和皮艇。湿湖位于克鲁提尼村附近的联合国教科文组织认定的世界遗产景点马苏里亚湖生态圈保护区内。

生态理由: 该路线沿途及附近有 8 个自然保护区和 4 个自然风景公园。路线有一半是在马苏里亚风景公园沿岸。在克鲁提尼亚驿站,您可以在小餐馆里享用当地美味的菜肴。

第 1 天：索克维提—比恩基

这条路线从兰帕奇湖北岸的索克维提开始。跨过这座湖，穿过拉平嘉通道到达兰帕茨湖，最后进入索比潘卡河。在一些地方，您得收起皮艇在河床上步行。过了索比潘卡河，来到库伊洛湖，穿过左岸的格拉波沃村，通过格拉波瓦河水域，从库伊洛湖来到德鲁捷克湖。湖的左岸是德鲁捷克镇。继续沿着短短的什米洛瓦河划行，来到比亚尔湖。湖的右岸是比恩基驿站，您可在此地的平房或帐篷中住宿。

第 2 天：比恩基—巴比提

继续向南划行，进入达布洛瓦溪，这条溪流入甘特湖，您要向甘卡斯德鲁加湖前行，行至特伊索瓦河汇入处，这条

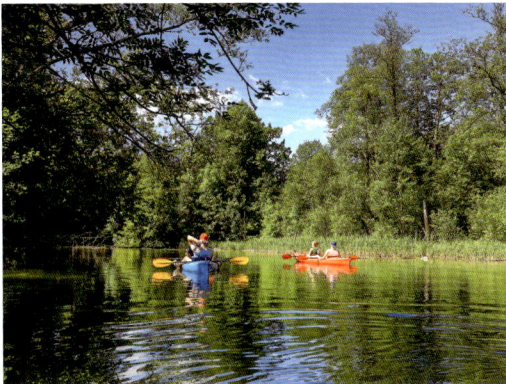

旅行小贴士

前往时间： 波兰的夏季，6 月至 8 月。

前往方式： 最近的机场是华沙机场。从机场乘坐火车或大巴可以前往此划行路线的起点索克维提，总车程约 230 千米。

携带行李： 划皮艇时佩戴的眼镜、救生衣、T 恤、短袖、短裤、拖鞋、帽子、防晒霜、泳衣、毛巾、可生物降解肥皂、防蚊液、急救箱、水壶、三明治、维生素棒。

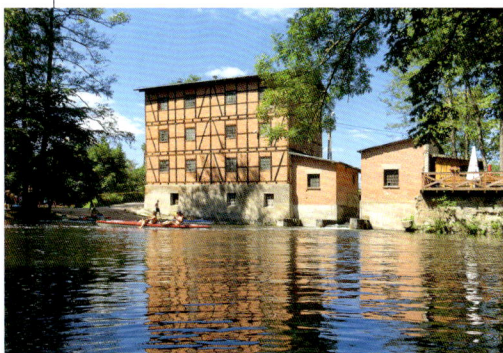

湖就变成了巴比卡斯德鲁加河。再继续划行大约 3 千米，就来到巴比提驿站，您将在此留宿。

第 3 天：巴比提—兹茨德罗伊—斯皮乔沃

今天的行程开始，先划行大约 500 米，来到一座水磨坊。在这里，您得收起皮艇，在柏油路上步行。回到清澈的水域再继续划行 3 千米，一路享受大自然的神奇，到达兹茨德罗伊威尔基湖。继续向南划行，湖的左岸是兹茨德罗伊威尔基镇，右岸是兹茨德罗约瓦沃拉镇。在湖中间，靠近一个森林茂密的小岛划行，然后进入兹茨德罗伊马利湖。在这座湖的尽头，靠近一个水闸处，您又得扛起皮艇步行（大约步行 80 米，这是整条路线中步行最长的一段）。

再回到水里，继续沿着兹茨德罗伊河划行最后一段。左岸即斯皮乔沃驿站。

第 4 天：斯皮乔沃—兹宫

早晨饱餐一顿后，划独木舟来到斯皮乔斯基河，从一座桥下穿过，进入斯皮乔斯卡斯德鲁加。经过斯皮乔沃村，这是通往基尔维克湖的一条小河的河口，再经过科捷克村，最后到达兹德鲁兹诺河。几百米后，沿着右岸走到桥上，桥那边就是奥普利克湖，四周都是树林。下一个目的地是莫克雷湖，这是马苏里亚景观公园中最深的湖泊之一。晚上在兹宫村过夜。在旅途中留意天气预报是个好主意。在遇到强风时，最好还是停一停，因为高的海浪也是个麻烦事。

第 164 页上图：加林迪亚的木雕。历史悠久的加林迪亚部落所在地位于贝尔达尼湖中克鲁拉尼亚河河口的半岛上，为皮斯加森林中心地带。

第 164 页下图：沃伊洛沃村的一座木桥，木桥上有供游客使用的马车。这个村子的社区意识很强，村里有精心打造的花园。

第 165 页图：克鲁提尼亚小道的特点是沿途有经波兰旅游观光协会标识清楚的水上收客所。设置这些收客所是为了帮助没有经验的皮艇爱好者完成收客所之间的行程。

第 5 天：兹宫—克鲁提尼

继续在莫克雷湖中向北划行，经过右岸的克雷卢夫斯卡索斯纳自然保护区。莫克雷湖上有一棵有着 300 年树龄的大橡树，绝对值得停下来一看。在莫克雷湖之后，您得扛起皮艇步行片刻，然后进入依偎在森林中风景如画的克鲁提尼斯基湖。这里也是克鲁提尼亚自然保护区的边界，湖本身及其支流克鲁提尼亚河的部分水域都属于保护区的一部分。克鲁提尼亚河的第一段从克鲁提尼斯基湖到克鲁提尼村，十分令人愉悦，这是对您在莫克雷湖中所遭遇的种种困难的一种回报。这里适合轻轻泛舟，慢慢欣赏大自然的美景。这里的水很浅，清澈见底，您可以看见皮艇下方水中的鱼。这里只有一个困扰（或许也是一种风景），那就是水里的树干和游船。

您可以在克鲁提尼停留几天，喜欢马的人可以在加尔科沃附近找到马厩，而热爱大自然的人则可以早起去扎克雷特自然保护区内薄雾笼罩的湖面看日出。克鲁提尼亚河是垂钓者的天堂，也给了骑行爱好者许多馈赠。晚上，您可以选一家餐馆去品尝烤白鱼（特产马苏里亚鱼）和越橘煎饼。

第 6 天：克鲁提尼—乌克塔

早晨准备穿越皮斯卡森林。划行大约 1 小时后，又到了一座古老的水磨坊兹洛尼拉塞克附近的一片滩地，在这里，您得扛起皮划艇步行。路上，有许多咖啡馆。回到河里，再划行 1 小时，您就来到罗索查，这里的风景开始变为草地，水也变深了。树木渐渐变得稀少，眼前出现了灯芯草，没有树荫，皮艇划行者完全暴露在骄阳下。在到达沃伊诺沃之前，您可从克鲁提尼亚河转入杜西安卡支流，然后进入杜斯湖去瞻仰老信徒寺，再返回主路线，继续划向乌克塔村，这里有一座驿站。

第 7 天：乌克塔—卡米恩

从这里继续前行，跨过克鲁提尼亚多尔纳 M. 万科维茨保护区。起初，克鲁提尼亚河被树荫覆盖，树在河上形成一个顶盖，在这一段划行过程中您经常会遇到树干，但可以绕过去，不用从皮艇上下来。后来，树林开始变得稀疏，进而变成一片沼泽，不

再能给划船者遮阳。在这一段，河水深度可达 7 米，尽管如此，茂密的河流植被有时会挡住去路。在沼泽中划行大约 2 小时，最后看到劳伊莫斯特桥，您最好在这里停下来休息并吃点东西，因为接下来只有到伊茨诺塔才有补给。休整过后，接着出发，进入皮尔沃斯保护区，直到出了马里诺科湖才算离开了这片保护区。这里的河道不那么弯曲了，穿过大片灯芯草水域来到加尔丁斯基湖，这里就是克鲁提尼亚河的尽头。

继续靠右划行，绕过沙洲，到达小运河，这条运河通往马里诺科湖。随后进入耶泽科湖，这条湖通向伊茨诺塔镇。从这里继续划行，来到一座与镇名相同的桥下，穿过桥，再划行几百米，到达贝尔达尼湖的伊茨诺卡湾。继续靠右岸划行，到达卡米恩驿站，在这里过夜。

第 8 天：卢西安 – 尼迪

一早，从林贝尔达尼湖出发继续沿右岸划行，并留意其他皮艇。经过米细亚岛和维格林斯卡湾。再划过约 2 千米，到达古兹安卡水闸，随后沿着古兹安卡马拉河划行，进入古兹安卡维尔卡湖。随后到达卢西安 – 尼迪港口。到此，您精彩的皮艇划行之旅完美结束了。

▶ **生态小贴士**

不要沿途随手扔垃圾，不要将塑料扔到水里（请用水壶喝水）。不要惊扰野生动物，不要采摘花草。爱护环境，让一切保持原样。

实用网址
polonia.travel/en
mazury.travel/en/Find_
information
-Tourism_services

阿尔代什峡谷漂流

起点: 瓦隆蓬达尔克拱桥
终点: 圣马丁阿尔代什
全程: 30 千米
时间: 2 天
难度: 易
住宿: 帐篷

第 166 页图: 从石化玄武岩熔岩中流出的雷－皮克瀑布。
第 167 页图: 跨越阿尔代什河的瓦隆蓬达尔克拱桥。这是一座天然拱桥,长 60 米,高 54 米。其所在的瓦隆蓬达尔克拱桥镇旅游资源配备情况良好。

法国是一个迷人且有吸引力的国家,从游客云集的海滩到更隐蔽的原生海滩,从宏伟的卢米埃镇到盛产香水、集市繁荣、多姿多彩的各个小镇,从冰川覆盖的雄伟山脉到静谧茂密的橡树林和一望无际的辽阔平原,风景无限。每年都有不计其数的游客到法国旅游,见证这里变化多样的风景。除了享受城市的历史文化,旅行者也喜欢户外活动,他们可能会选择一些刺激的活动,如攀登、极限徒步旅行、洞穴探险,或者乘皮艇在急流中漂流。

划皮艇最理想的地方是罗纳－阿尔卑斯地区,其南部有阿尔代什峡谷自然保护区。该保护区建立于 1980 年,旨在保护这一特殊的环境,它沿着阿尔代什河水道而建,根据季节和水位,为业余爱好者和专业人士提供在部分区域进行 6—32 千米的漂流机会。事实上,阿尔代什河很长一段水流是平缓的,但也有急流和激流段。许多代理公司出租独木舟或皮艇,并组织将游客从漂流的终点送回起点。

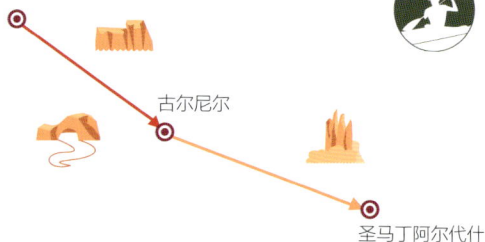

瓦隆蓬达尔克拱桥

古尔尼尔

圣马丁阿尔代什

● 第 1 天
● 第 2 天

生态理由: 设立阿尔代什峡谷自然保护区是为了保护这一奇特景观,避免其遭受大众旅游和城市化的破坏。这一景点由一家集团管理,该集团制定了保护区内一系列人员流动和行为准则。比如,它对夏季周末每个公司能够接待的宿营人数有所限制。

禁止在指定区域外宿营，严禁随手扔垃圾，将垃圾随身携带至终点。为了充分享受亲近大自然的感觉，最好选择工作日前往。

实用网址
france.fr/en
gorgesdelardeche.fr
ardeche.com

旅行小贴士

前往时间： 5月至6月最佳，此时气候宜人，河水充沛。夏季人多，且河水水量较小。

前往方式： 最近的机场是马赛机场，距离瓦隆蓬达尔克拱桥大约200千米，从里昂机场乘小汽车到瓦隆蓬达尔克拱桥为220千米的车程。

携带行李： 背包、睡袋、帐篷、泳衣、头灯、划皮艇眼镜、救生衣、头盔、水壶、可生物降解肥皂、防晒霜、矿物质补充剂、防蚊液、拖鞋、长裤、长袖T恤。阿尔代什的河水不能饮用，所以必须带水壶自备饮用水。营地有水、烧烤和木炭，建议您带上烧烤食物。将所有行李放在一个大防水箱中，然后固定在皮艇上。

第1天：瓦隆蓬达尔克拱桥—古尔尼尔

从瓦隆蓬达尔克拱桥开始划皮艇。河边的这座喀斯特公园里生长着数千种植物物种（许多都是受保护的）。这条河是罗纳河的支流，蜿蜒曲折，两岸是树木繁茂的山坡，山坡上的树木以橡树为主，还有高达250米的陡峭的石灰岩悬崖。

在第一部分行程中，您会遇到小沙滩，可以在沙滩边停下来放松地游泳。您轻轻划行一个半小时，就可穿过第一道激流——查理曼激流。过这道激流很容易，但也不能掉以轻心。过了阿尔代什河上高60米的天然形成的壮观的瓦隆蓬达尔克拱桥，便来到另一道激流——查姆斯激流，这是行程中最具挑战性的一段。过了这道激流，您就可以看到第一个营地高德。如果您提前预订好了，也可以继续向前划行，到下一个营地古尔尼尔宿营。

第2天：古尔尼尔—圣马丁阿尔代什

第2天早上，把皮艇放回水里，然后向"大教堂"划行，这是一处令人印象深刻的岩石造型。它纤细的圆柱高耸入云，外形像一座大教堂。接着来到帕斯蒂尔激流，这段行程轻松且乐趣无穷。然后沿着平静的水面划到终点圣马丁阿尔代什，这里有一辆大巴接划船者返回瓦隆蓬达尔克拱桥。

第168页图： 阿尔代什峡谷中的马德莱纳环线风景。这一系列的水峡组成了从瓦隆蓬达尔克拱桥到圣马丁阿尔代什长31千米的大峡谷。

第169页上图： 阿尔代什峡谷中的植物种是适应可渗透地形的典型物种，这些地形不能蓄水，而是让水流入无数的地下隧道和河流。

第169页左下图： 站在"大教堂"的观景台上，河景尽收眼底，十分壮丽。峡谷切割出一个覆盖着地中海的灌木的山丘。

第169页右下图： 圣马丁阿尔代什是皮艇划行之旅的终点。山谷是一个旅游景点，每年吸引上百万的游客。

意大利

起点: 马里纳迪坎波

终点: 马里纳迪坎波

全程: 147 千米

时间: 7 天

难度: 易

住宿: 帐篷

第 170—171 页图: 费拉约港是厄尔巴岛最重要的一座城镇。它不仅是人口最多的城市,还有众多迷人的小海湾,从勒吉亚伊海滩一直到卡波德恩福拉。

生态理由: 厄尔巴岛位于佩拉戈斯保护区内。当您在岛的周边静静地划水时,不时会看到鱼群及红海龟、海豚和鲸鱼。保护区是一个受保护的海洋区域,位于法国、意大利和摩纳哥公国的领海。这里的显著特点是栖息着多种生物物种,而这些生物物种容易受到环境变化和人类活动的影响。

厄尔巴岛周边划皮艇

　　意大利的自然美景让它成为一个必游之地。从阿尔卑斯山脉到海岸，从连绵起伏的山丘到火山山峰，从森林到高原，各种景观变幻多端，引人入胜。而意大利无与伦比的文化和艺术遗产更是令它魅力倍增。因此，意大利保持着拥有最多受联合国教科文组织保护的文化和自然景点纪录并非偶然。

　　厄尔巴岛和托斯卡诺群岛国家公园内的其他岛屿一样，是联合国教科文组织生物圈保护区之一。这个岛屿是地中海最"绿色"的岛屿之一，有许多环保旅游项目，比如观赏鲸鱼、沿内陆小道徒步旅行、驾驶帆船、骑行等，游客还有机会研究生活在这里的 50 多种蝴蝶。厄尔巴岛海岸线全长 147 千米，沿岸有悬崖、海滩和海湾等景观，风景如画，最激动人心的欣赏方式就是划着皮艇慢慢环游。

- 第 1 天
- 第 2 天
- 第 3 天
- 第 4 天
- 第 5 天
- 第 6 天
- 第 7 天

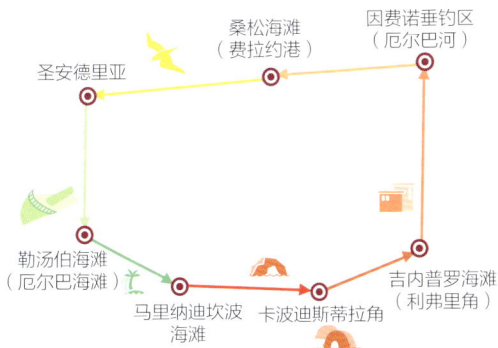

桑松海滩
（费拉约港）

因费诺垂钓区
（厄尔巴河）

圣安德里亚

勒汤伯海滩
（厄尔巴海滩）

马里纳迪坎波
海滩

卡波迪斯蒂拉角

吉内普罗海滩
（利弗里角）

第 171 页图： 农民、渔民和水手的生存都依赖于自然的力量。岛上散布着许多教堂，当地人在这里祈祷保护和庇佑这片土地和大海。

前往时间： 6月至9月，7、8月岛上游人如织，最好避免在这两个月里去。

前往方式： 在岛上距离马里纳迪坎波海滩2000多米的地方，有一座机场将厄尔巴与比萨和佛罗伦萨连接起来，比萨和佛罗伦萨都有国际机场。也可以从佛罗伦萨乘皮奥比诺火车（约3小时），然后再坐1小时轮渡到达费拉约港。从费拉约港坐大巴到马里纳迪坎波海滩，距离大约14千米。

携带行李： 帐篷、轻便的夏季睡袋、床垫、头灯、拖鞋、高效防晒霜、帽子（或头巾）、太阳镜、防止双手起泡的手套、潜水面罩、泳衣、大毛巾、T恤、羊毛衫、睡裤、可降解的个人洗漱肥皂、喝水用的水壶、能量棒、防蚊液、个人餐具（盘子、叉子、多用途刀、勺子和杯子）。

第172页图： 岛北部的桑松海滩，这里的海水清澈得令人难以置信。

第173页图： 费拉约港附近的比安科角海滩上铺满白色的小鹅卵石，像海床一样。这些小鹅卵石在清澈的海水中呈现出美丽的反光。

第1天：马里纳迪坎波海滩—拉科纳—卡波迪斯蒂拉角

从这次皮艇划行之旅的起点马里纳迪坎波海滩出发，划过佛斯营和梅勒角，来到水洞，这是一个有淡泉水的小洞。在拉科纳湾，您第一次停下来游泳、吃午餐和休息，然后带上皮艇在卡波迪斯蒂拉角附近环航，欣赏沿岸的地中海灌木丛。

第2天：卡波迪斯蒂拉角—吉内普罗海滩（利弗里角）

早晨启程，不一会儿，就可以来到清澈、迷人的阿夸瑞利海边游泳。到达利弗里角海滨浴场后，您将经过许多沙滩，最后来到伊娜莫拉塔海滩，并在此休整、用餐，然后再把皮艇放回海中划行。岸边的悬崖上有一些矿厂的建筑废墟，这些废墟位于大海和灌木丛之间，于1981年弃用。最后，来到吉内普罗海滩，您将在此过夜。

第3天：吉内普罗海滩（利弗里角）—因费诺垂钓区（厄尔巴河）

一大早，把皮艇放进海里继续划行，经过卡尔沃角和利斯科利小岛，来到佛卡多堡，跨过阿祖罗港湾，到达隆贡堡下。下一站是泰拉内拉海滩，一座同名的小湖碧波荡漾，波光粼粼。经过奥塔诺小岛后，继续向马里纳河划行。随后到达卡沃，离开托皮岛向东划行，经过维塔角。再经过曼德里奥拉和曼多丽娜两个入海口后，来到因费诺垂钓区。该垂钓区坐落在一个小型旅游度假区尼斯港湾前一片天然的鹅卵石沙滩上。您将在此过夜。

第4天：因费诺垂钓区（厄尔巴河）—桑松海滩（费拉约港）

在今天的行程中，您得向岛北出发，继续向费拉约港划行。经过尼斯港角和法尔科娜亚角后，一直沿着海岸划行，直到看见穆里尼拿破仑别墅的院墙，然后来到勒吉亚耶海滩。继续在沙滩和峭壁的独特景观之间穿行。到达今天行程的终点桑松海滩后，收起皮艇，您就可以在迷人的海水中畅游了。晚上在此过夜。

第5天：桑松海滩（费拉约港）—圣安德里亚

今天，您将经过恩佛拉角，这是一个自然保护区，是奥都因海鸥难得的家园。这里曾有一座古老的金枪鱼加工厂，如今是托斯卡诺群岛国家公园总部所在地。沿着海岸划行，经过维提西奥湾和佩尼索拉角，会看到佛尔诺、斯加格里利和百奥多拉等一众美丽的港湾。随后到达普罗克奇奥，经过克罗塞塔角后来到马尔西安娜马里纳及其海边渔村。站在山丘上，您可以看到被栗树林簇拥的马尔西安娜镇和坡吉奥镇。继续向西划行到达圣安德里亚，您将在此过夜。

第 6 天：圣安德里亚—勒汤伯海滩（厄尔巴海滩）

今天的行程是沿着厄尔巴海岸向西划行，经过科塔西亚垂钓区清澈的水域之后，来到赞卡角和坡尔费拉亚角。沿途您会看到坡蒙特村，该村位于一座同名的山谷谷底。然后来到奥格里拉悬崖，这里水下数米是一个潜水点，水下有 1972 年沉船埃尔维斯科特号的残骸。您将在勒汤伯海滩过夜。

第 7 天：勒汤伯海滩（厄尔巴海滩）—马里纳迪坎波海滩

这是划皮艇行程的最后一天。经过费托法亚角，这个海角保护着一片有着白色沙滩和清澈透明海水的海湾；接着划过被海水和岁月雕琢的花岗岩悬崖，来到岩石池勒皮辛，您可以在这温暖的海水中游泳。随后来到小村庄塞切托的海滩，从这里继续向卡沃里海岸划行，卡沃里海边是极受年轻人欢迎的一个约会地点。继续向格罗塔阿祖拉划行，经过加伦扎纳海湾，海湾里生长着一丛丛美丽的波西多尼亚水草，这是一种只在干净的海水中生长的海洋植物。最后，来到划皮艇之旅的终点马里纳迪坎波海滩，这里也是厄尔巴岛环航的起点。

生态小贴士

如果包括人类在内的所有物种都要生存，我们就必须尊重海洋。所以，不要扔垃圾，尤其是塑料垃圾，塑料垃圾是海洋生物的致命杀手。

实用网址
visitelba.co.uk
infoelba.com/where-to-sleep/
campsites

173

美　国

起点： 海湾海岸游客中心（埃弗格莱德斯市）
终点： 海湾海岸游客中心（埃弗格莱德斯市）
全程： 77 千米（每天划皮艇 6 小时）
时间： 5 天
难度： 中
住宿： 帐篷和鸡仔小屋（高脚屋）

第 174—175 页图： 常常被称为"草河"的大湿地上生长着海岸红树林、覆盖着锯齿草的沼泽和大片的松树林，栖息着数百种动物物种。

生态理由： 到访大湿地意味着在多姿多彩的生态系统中探索各种各样的动植物。这里风景优美，是观鸟的天堂。

大湿地划皮艇

美国佛罗里达州是一座热带伊甸园，有梦幻般的海滩、清澈的大海和各种休闲娱乐场所，适合每一个人。然而，游客也被其自然环境中一些不那么引人注目的方面所吸引，比如泉水、热带森林、沼泽和异国美丽的野生动物。这也是这个"阳光州"参与负责任旅游，为子孙后代保护这座天堂的另一个原因。这一使命也通过可再生能源领域的一些前沿项目得以实施，比如最近的巴布科克牧场项目，这是完全依赖太阳能的高科技打造一座智慧绿城的项目。

在美国南部，大湿地国家公园占地面积 6000 平方千米，包括一些湿地、大沼泽地和干海龟生物圈保护区。这里也是联合国教科文组织认定的世界遗产景点，栖息着 350 余种鸟类、500 多种鱼类及数十种哺乳动物和爬行动物。要想在皮艇悄悄划过红树林时看到海龟、苍鹭、短吻鳄和海牛，建议您从大湿地的海湾海岸游客中心入园。

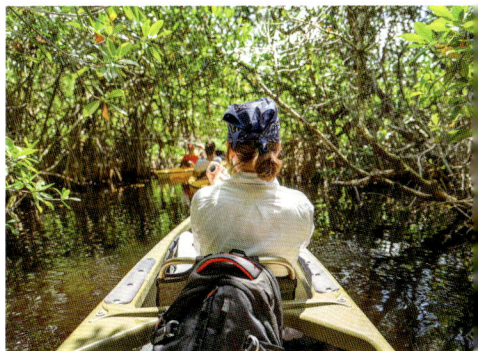

● 第 1 天　● 第 4 天
● 第 2 天　● 第 5 天
● 第 3 天

海湾海岸游客中心

蜿蜒的鸡仔溪

万岛

甜水河

礁亭

沃森故居

第 175 页图： 您可以带上自己的皮艇，也可以在公园里租皮艇。或者您也可以带上一名正规导游，他将给您提供装备，并指导您的冒险之旅。

第176页图：大湿地被列为世界文化遗产景点，是全球重要的湿地区，也是联合国教科文组织认定的生态圈保护区。全球仅有三处景点同时拥有这三重身份，大湿地是其中之一。

第177页上图：西部红骨顶是该地区许多种鸟类之一。

第177页下图：大湿地国家公园是观看比邻而居的密西西比短吻鳄、美洲鳄，以及旅行者骑行、划皮艇、露营或亲近大自然的好去处。

第178—179页图：北起奥奇乔比湖、南至佛罗里达海湾的美国大湿地国家公园于2019年举办了85周年庆典。

▶ **生态小贴士**

为保护环境，请用水壶，不要用塑料瓶。禁止在沙丘上行走或采摘花草。不建议晚上去海滩或开闪光灯拍照，因为这些光会干扰海龟。另一个好习惯是正确处理垃圾，以免招引捕食动物。

实用网址

visitflorida.com/en-us.html
nps.gov/ever/index.htm
floutdooradventures.com/guides/

第1天：海湾海岸游客中心—蜿蜒的鸡仔溪

首先在游客中心听取对行程路线的简要介绍，然后开启一天的行程。今天，您将探索入海口的红树林，在那里，您还可以看到海牛。在宁静的风景中划行一天后，您将来到蜿蜒的鸡仔溪，在这里体验一次真正的独特的宿营。"鸡仔"是原住民的方言，意为"家"，或指一种露天的高脚屋。在鸡

仔宿营，让游客们在星辰与大海之间枕着大自然入眠，日常的生活压力都成了九霄之外的浮云。

第 2 天：蜿蜒的鸡仔溪—沃森故居

黎明，您将被水面上的波光唤醒。今天要划行穿过一段野生水道。这条航道是穿过公园的唯一有标记的通道，介于被保护的水湾和浅水湾之间，从埃弗格莱德斯市一直延伸到弗拉明戈。今天的终点站是臭名昭著的沃森故居。传说一家糖料种植场的场主埃德加·沃森曾经不给其工人支付工钱，而且还将他们杀害。这里的营地位于一座贝壳岛上，最初是由在欧洲殖民者到来之前就居住在大湿地的卡卢萨人修建的。

第 3 天：沃森故居—甜水河—沃森故居

在沃森故居宿营的第二晚，您可以充分地探索这个神奇的地方。划着皮艇进入甜水河中心地带，这是美洲短吻鳄喜欢栖居的地方，这种鳄鱼没有攻击性，除非您惊扰它们。下午，徒步去探索沃森故居。这片区域已经完全被荆棘丛林吞噬，20 世纪初沃森糖料种植场的模样已无法辨认，不过有许多遗迹有待发现。

第 4 天：沃森故居—礁亭

今天，沿着查特汉姆河向墨西哥湾划行，墨西哥湾有海豚、海龟和白鹈鹕。在最大、最开放的岛之一礁亭海滩安营扎寨。这种柔软、闪亮的白色沙子是由海洋生物贝壳中的碳酸钙形成的，与佛罗里达大西洋海滩上浅棕色的沙子非常不一样。

第 5 天：礁亭—万岛—海湾海岸游客中心

最后一天，您划着船穿过万岛，这是公园里（离礁亭不远）的一个区域，以"吊床"而闻名，是一座生长着红树林的位于河口浅海的小岛。涨潮时，这些岛屿完全被淹没，无法进入；退潮时，有无数游客将船靠在泥滩边。在这里，您可以欣赏候鸟和留鸟，包括朱鹭、鱼鹰和粉红琵鹭。返程的终点是埃弗格拉德斯市，也就是回到了海湾海岸游客中心。

前往时间： 最佳时间是 11 月至次年 4 月，天气干燥，在这片原生地区行动方便，且蚊子较少。

前往方式： 离该地区最近的机场是迈阿密国际机场。从机场乘坐大巴到那不勒斯，再转至埃弗格莱德斯市（约 2.5 小时）。

携带行李： 这是一次有导游的旅行，划皮艇和露营装备由他们提供。带上划皮艇服、太阳镜、防晒霜、泳衣、防蚊液、可生物降解肥皂等洗漱用品和急救箱。

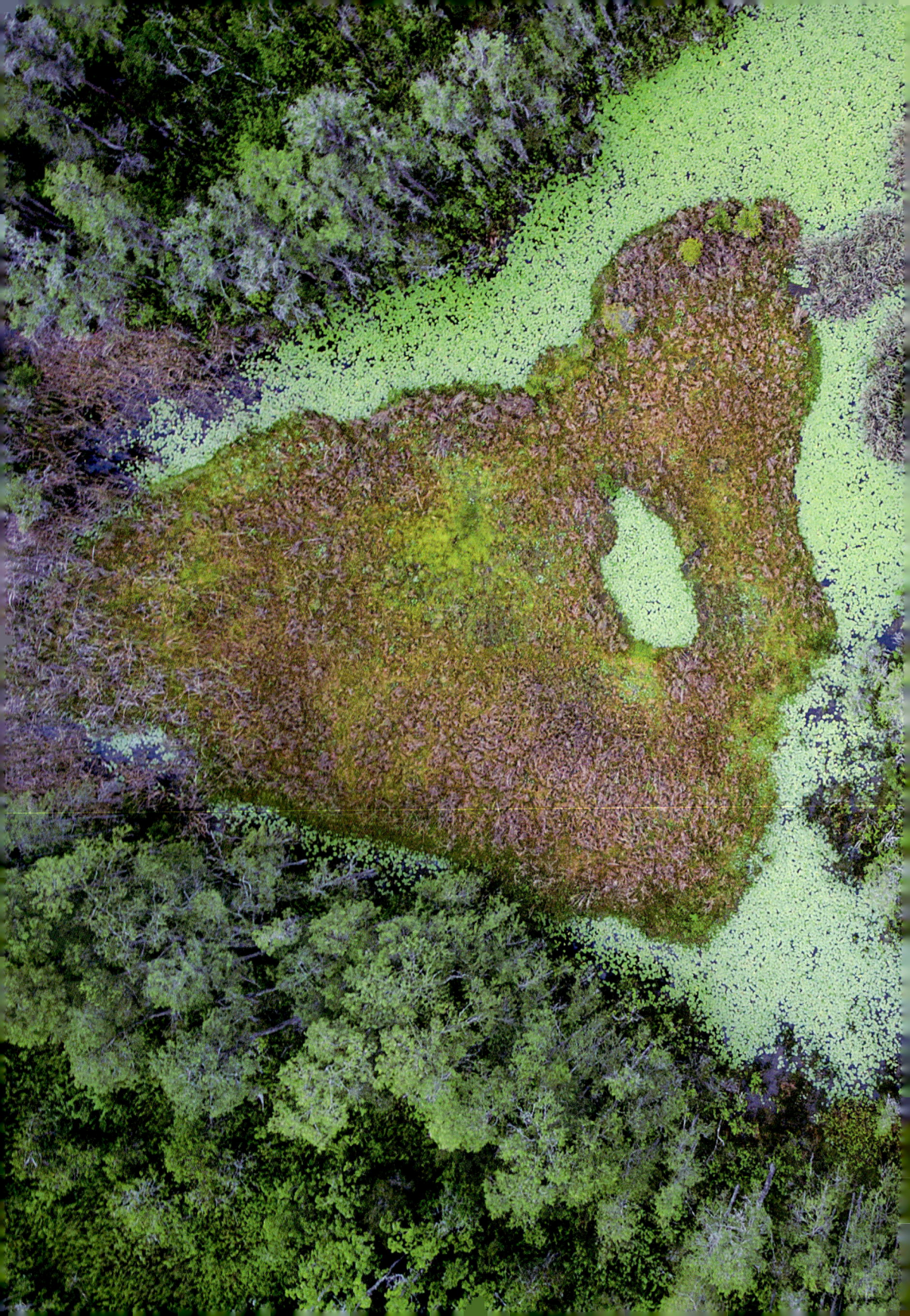

阿贝尔·塔斯曼国家公园

新西兰自然景观丰富多彩，间歇泉、瀑布、海滩、火山、山脉、葱茏的植物和大量的动物及稀有物种源源不断地吸引着世界各地的游客。新西兰是一个辽阔而平静的自然保护区，也是环境管理和保护的优秀典范。其广阔的森林和众多的动物物种在许多国家公园、保护区和海洋公园中得以被完好地保护，占新西兰整个国家的30%。

此处推荐的划行路线是沿着新西兰最小的国家公园阿贝尔·塔斯曼国家公园内的南岛西北海岸划行。公园里有55千米的沙滩、碧绿的海水、可以停下来游泳的温暖的浅水湾，以及成群的海豹和海豚等壮观的动物保护资源。

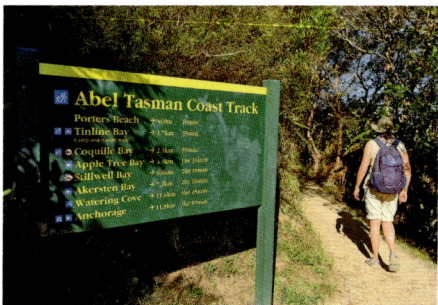

第180页上图： 在汤加湾看到海豹一点也不稀奇。汤加是阿贝尔·塔斯曼国家公园内奥涅塔胡蒂附近的一座岛。

第180页下图： 阿贝尔·塔斯曼国家公园以阿贝尔·塔斯曼命名。阿贝尔·塔斯曼是1642年发现新西兰的第一位欧洲探险家，他曾在金海湾附近抛锚。

阿瓦罗亚

奥涅塔胡蒂

锚泊地

马拉豪

● 第1天
● 第2天
● 第3天

起点： 阿瓦罗亚

终点： 马拉豪

全程： 约34千米

时间： 3天

难度： 易

住宿： 帐篷

第181—182页图： 阿贝尔·塔斯曼国家公园是新西兰最小的国家公园，面积只有238平方千米，这里有着美丽的沙滩和碧波荡漾的天池。

生态理由： 阿贝尔·塔斯曼国家公园限制客流以保护环境。划皮艇是对环境影响最小的一种方式，让您能够探索金色的沙滩、宁静的海湾，抵近潟湖和近岸岛屿，欣赏花岗岩海岸沿岸的野生动物和原始森林。

前往时间： 12 月至次年 3 月，这期间可游泳。

前往方式： 最近的机场是尼尔森机场。从机场乘坐大巴前往约 60 千米外的马拉豪，然后再搭乘水上出租船到 32 千米外的托塔拉努伊。

携带行李： 水壶、睡袋、太阳帽、防晒霜、防蚊液、毛巾、泳衣、风衣、相机、急救箱、长睡裤、T 恤、保暖毛衣（羊毛或羊绒）、运动鞋、袜子、防水夹克、手电筒。

第 1 天：阿瓦罗亚—奥涅塔胡蒂

从阿瓦罗亚出发，沿着海岸划行，探索壮观的花岗岩岩石和神秘的潟湖，希望能遇到成群的海豹。到达靠近主海滩的奥涅塔胡蒂湾，您会发现奥涅塔胡蒂湾营地就是您今晚的宿营地。汤加小岛在海中。当地野生动物是自然景观重要且珍贵的组成部分。

第 2 天：奥涅塔胡蒂湾—锚泊地

早晨，您从奥涅塔胡蒂湾出海向巴克湾海滩划行，那里只有划皮艇能到达。巴克湾最北端也是汤加岛海洋保护区的起点，该保护区向北一直延伸到阿瓦罗亚顶端。沿着海岸继续划行，来到锚泊地，您将在这里宿营。

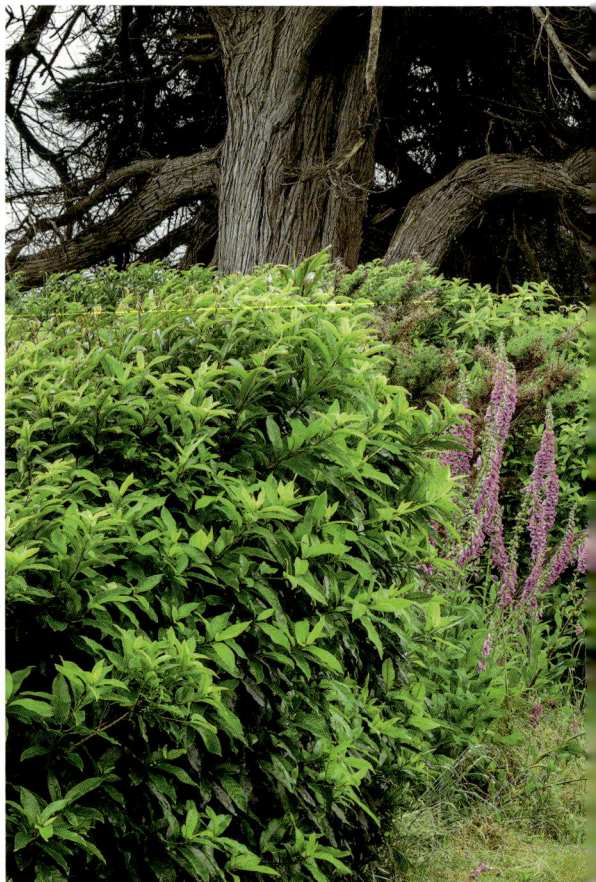

第3天：锚泊地—马拉豪

早晨，把皮艇放回海里，从锚泊地向马拉豪划行。中午可以在星盘港停下来吃午餐，然后到达马拉豪及其两条长长的白沙滩。这里是划皮艇之旅的终点，您将皮艇交回此次旅游的组织机构——阿贝尔·塔斯曼皮艇大本营。

第182页上图和下图： 蚊子湾（下图，湾里没有饮用水）和巴克湾（上图，湾里有饮用水）是两个美妙的小海湾，可以划皮艇到达。

第182—183页图： 饱经风霜的森林中阿贝尔·塔斯曼海边小道上的徒步者。这条国家公园里的小道，从马拉豪到温努伊，全长60千米。

▶ 生态小贴士

托塔拉努伊、巴克湾和锚泊地有饮用水，其他水则必须经过处理才能饮用。阿贝尔·塔斯曼国家公园致力于减少二氧化碳的排放量，从而获得经认证的 EKOS 碳信用额度。

实用网址
newzealand.com
newzealand.com/int/feature/
national-parks-abel-tasman
abeltasman.com
www.abeltasmankayaks.co.nz
For the campsites
www.doc.govt.nz

马背之行路线

　　在马背上探索世界是一种美妙的体验，这种经历和记忆会伴随您一生。人与动物的关系很特别——和人有千面一样，每匹马各有不同。在远足中，马成了您无与伦比的旅伴，而这种关系必须建立在相互尊重和信任的基础上。当您骑着马在一片壮丽的风景中奔驰时，您会明白这是一种多么神奇的融合，有时会觉得骑行者与马已经合为一体。这是一种能量的交换，您活在当下，享受着当下的自由和巨大的快乐，所有的忧虑一扫而光。

　　骑马旅行是探索地球上每一个角落最环保的方式之一，远离了大众旅游。在马鞍上，你有一种不会打扰大自然的感觉，甚至感觉自己就是大自然的一部分。这是一种缓慢而积极的旅游方式，您可以到达那些以其他方式无法企及的偏远地区。这是接触当地人及其文化的绝佳方法。环境越天然、越原生态，对骑行者来说就越刺激，因为环境仍然是完好无损的，只有马蹄与之亲密接触。

　　这里所推荐的每条路线都有不同的要求和难度。在任何情况下，为了充分享受旅途，建议游客具备骑马的经验和良好的健康状况。

　　在旅途中，最好避免在最热的时候骑马旅行。要稍作停留，让马休息和饮水。按时吃饭，饭后不要立即运动。骑马之前和一天结束时要喂马。每天早晚要对马进行检查，看它们状态是否良好，是否因为被马具反复摩擦而导致皮肤破损。检查马蹄，剔除卡进的石子。最后，切记要为马和骑行者准备一个急救箱。

第185页图：在土耳其格雷梅国家公园中探险的两位骑马旅行者。通过骑马旅行去探索新地方是一种特别的体验，人与动物之间建立了一种特别的关系。

内华达山脉马背之行

起点: 布比安
终点: 布比安
全程: 160千米
时间: 6天
难度: 中
住宿: 宾馆

第186页上图: 坐落在地中海海岸和内华达山脉之间的波奎拉山谷中的白色村庄卡皮莱拉。

第186页下图: 布比安村中的一条街道。这种建筑布局是典型的柏柏尔乡村风格——因地制宜依山而建的崎岖街道和平房。

第187页图: 卡皮莱拉村附近的波奎拉山谷田野中放牧的马群。波奎拉河由穆哈肯峰附近水源所形成的水道汇聚而成。

西班牙南部的安达卢西亚毗邻地中海和大西洋，直布罗陀海峡将其与非洲隔开。这里有各种各样的自然景观，从沿海平原到伊比利亚半岛最高的内华达山脉。安达卢西亚有着强大的吸引力，这也得益于它过去是各种文明的交汇点与融合点，其历史遗产仍然吸引着无数游客。在其所有特色中，安达卢西亚有着根深蒂固的马术传统，赫雷斯 – 德拉弗龙特拉（加的斯）的皇家安达卢西亚马术艺术学校就见证了这一点。这里有许多马厩、农场和骑术学校以及马背旅行活动。

其中，内华达山脉脚下位于格拉纳达省和阿尔梅里亚省之间的阿尔普贾拉是一个进行马背探险的好地方。这里有丰富的水道、葡萄园和杏树林，原生态的自然景观促使这里的乡村旅游、远足旅行和徒步旅行得到了长足发展。得益于西班牙内华达国家公园，阿尔普贾拉拥有欧洲最大的受法律保护的地区之一。

内华达马背之行的起点是一个小村庄布比安。这条路沿着历史上牧民的路线穿过河道和森林茂密的山谷，一直到大山中的一片夏季牧场。

旅途中，您可以停下来享用当地的火腿、奶酪和新鲜的面包。晚餐时，您可以品尝当地的菜肴和一流的西班牙葡萄酒，住特色旅馆和宾馆。

第1天
第2天
第3天
第4天
第5天
第6天

波奎拉山谷
特雷韦莱斯
贝尔丘莱斯
布比安

生态理由: 穿越内华达国家公园。该公园位于欧洲南部的偏僻位置，保护着具有巨大植物资源价值的地区。

第 188 页图：西班牙的马都很强壮，熟悉道路，在小道上行走稳健而敏捷，它们是马中瑰宝。

第 189 页图：内华达山脉夏季的气候也很温和，具备远足、山地骑车和骑马的绝佳条件。

第 1 天：布比安—波奎拉山谷—布比安

布比安是一座海拔 1300 米的小村庄，这里有马厩，是骑马旅行的出发地。西班牙的马很熟悉这些小道，它们脚步稳健，动作敏捷。您骑马去探索的是波奎拉山谷中最偏远的地方，这是阿尔普贾拉地区风景最美的地方之一。攀登西班牙大陆的最高峰——海拔 3480 米的穆哈肯峰。要到达山谷，您得沿着小道穿过草地，越过高原，跨过溪流。野餐后，沿着穿过松林的小道下山，返回布比安享用晚餐并在此过夜。

第 2 天：布比安—特雷韦莱斯

吃过早餐后您又开始上路，沿着骡子道穿过乡村，先后来到皮特雷斯村和波尔图戈斯村，在这里停下来吃午饭。下午，沿着橡树林中的小道慢跑，到达海拔 1476 米的西班牙海拔最高的村庄特雷韦莱斯。您在这里停下来吃晚饭，并在此过夜。

第 3 天：特雷韦莱斯—贝尔丘莱斯

今天，您骑马前往贝尔丘莱斯村。行程的第一段需要步行 15 分钟，离开村庄，走山路。先骑马沿着一条陡峭多石的小路前行，这条小路途经山坡两旁的小木屋，穿过散发着野草香气的草地，到达海拔约 2500 米的山峰。在晴朗的日子里，从山

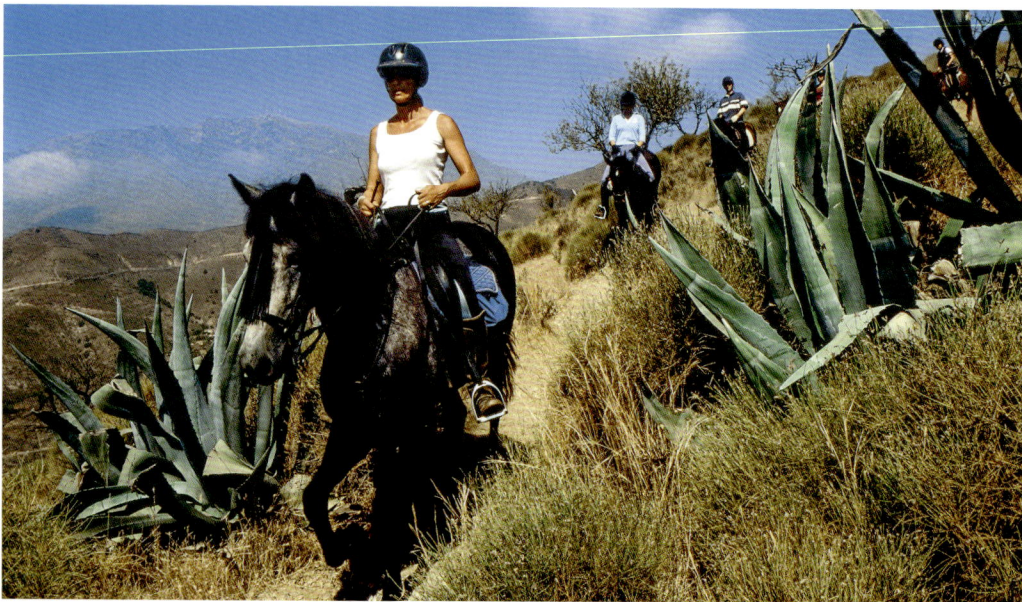

峰上可以看到南边的摩洛哥山脉和北边的西班牙最高峰。午餐后，您继续在阿尔普贾拉腹地的内华达国家公园南部穿行。公园里有 2100 多种植物，其中 60 多种为这个地区特产。沿途您还可以看到阿尔卑斯野山羊、金雕、波内利鹰、欧洲野猫、隼、仓鸮和小猫头鹰。最后一段行程您需要步行 30 分钟，穿过贝尔丘莱斯村到达马厩。您将在这里的旅馆过夜。

第 4 天：贝尔丘莱斯

早上，您去到从贝尔丘莱斯隐约可见的一个海拔 2200 米的地方，瓜达尔费奥河的两条支流——奇科河和格兰德河流经这里。离开村庄，爬上陡峭的小道，穿过梯田菜园和果园，来

到一片森林，在这里您可以纵情驰骋。森林的另一边是草地，可以看到地中海的景色。野餐后，您沿着一条古老的骡子小路下山，到贝尔丘莱斯过夜。

第 5 天：贝尔丘莱斯—特雷韦莱斯

今天返回特雷韦莱斯，沿途风景不断变换。事实上，森林渐远，您将进入一片橄榄树林、杏树林和无花果树林中。晌午时分，穿过一条壮观的峡谷，来到朱维莱斯村，您在这座小村庄停下来吃午饭。下午，继续向特雷韦莱斯前进。

第 6 天：特雷韦莱斯—布比安

马背上的最后一天是一段简短的旅行，您穿过松树林和橡树林来到波奎拉山驿站附近的马厩。这条小道沿途可以看到康特拉维萨山脉和地中海的壮丽风景。在有些路段，您可以快马加鞭，极速奔驰。在卡皮莱拉停下来吃午餐，然后回到小道上，向此趟马背之行的终点布比安前进。

旅行小贴士

前往时间： 5 月至 11 月。

前往方式： 从马拉加机场驱车约 140 千米抵达布比安。

携带行李： 骑马帽、马裤、马靴、徒步靴、太阳帽、防晒霜、急救箱、山金车膏或凝胶、水壶、马的急救箱、蹄铁、蹄镐、钳子、羊毛衫、泳装、轻便拖鞋。

▶ 生态小贴士

在大自然中骑马旅行需要有良好的生态保护意识。您所到之处，不要偏离小道，尤其是在耕地旁，要尊重农民的劳动。对山、对马也要给予同样的爱护。

实用网址
spain.info
andalucia.org/en
inthesaddle.com
refugiopoqueira.com

史蒂文森小道

旅游业是法国最兴旺繁荣的产业之一。除了联合国教科文组织认证的景点外，法国还有许多其他旅游资源，比如文化城市、海滩、滑雪胜地和乡村风光等。游客们似乎对乡村风光尤其热衷。事实上，每年都有成千上万的徒步者受到可持续性旅游的激励，沿着长途小道去发现一个鲜为人知的令人震撼的法国。

在这些长途小道中，值得一提的是史蒂文森小道。苏格兰作家罗伯特·路易斯·史蒂文森1878年对这条小道有所记述。史蒂文森穿行加米撒尔（17世纪早期的加尔文主义者）之地，12天里走了220千米。在日记《与驴同游塞文群山记》中，他记述了自己在韦莱、格沃登、洛泽尔山和塞文山脉等4个地区的旅行历程。这4个地区如今已被联合国教科文组织列为生物圈保护区。您也可以骑马旅行（确认一下所选择的住处是否有马厩）。另一个有用的建议是带着驴一起走：它们会让您开心，还会帮您驮行李。您会觉得自己有点儿像史蒂文森。

加泽尔河畔修道院
圣尼科拉斯
普拉德莱斯
谢拉尔莱韦屈埃
巴斯蒂德普伊劳伦特
布莱马德
查塞拉德
弗洛拉克
蒙特维尔角
卡萨格纳斯
圣日耳曼德卡尔贝特
圣让迪加尔

第190页上图：加泽尔河畔修道院。这是一座罗马式本笃会修道院。教堂半圆形后殿和修道院建筑都是11—12世纪修建的。

第190页下图：上卢瓦尔河河畔小村庄圣尼科拉斯附近的一个牧场，村里有一座纪念罗伯特·路易斯·史蒂文森和他的驴莫德辛的木雕。

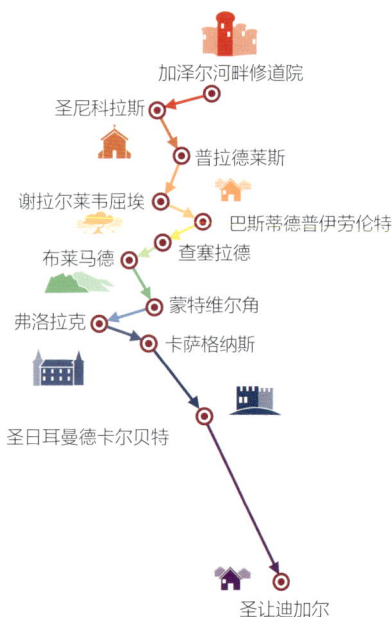

● 第1天   ● 第5天   ● 第9天
● 第2天   ● 第6天   ● 第10天
● 第3天   ● 第7天   ● 第11天
● 第4天   ● 第8天

起点： 加泽尔河畔修道院

终点： 圣让迪加尔

全程： 212 千米

时间： 11 天

难度： 易／中

住宿： 沿途小旅馆

第 190—191 页图：史蒂文森小道上一座古老的石桥，给小道增添了一些童话色彩。

生态理由：史蒂文森小道于 2015 年被欧洲委员会认证为文化旅游路线。这是一种暂时远离城市喧嚣几周的好选择。这条小道几乎都是骡道和乡村小路，途经各种宁静而平和的乡村景观。

第 192—193 页图：普拉德莱斯是公认的法国最美的村庄之一。该村庄位于德维斯山脉最南端，坐落在卢瓦尔河与阿利埃峡谷之间。

第 193 图：洛泽尔圣母院小教堂。自 2011 年以来，洛泽尔有 1/3 的土地被联合国教科文组织列为世界遗产。

第 1 天：加泽尔河畔修道院—圣尼科拉斯

修道院修建在一座 7 世纪的本笃会修道院附近，是这条小道的起点。穿过耕作的高原和圣马丁福日尔后，史蒂文森小道下坡到卢瓦尔峡谷，然后进入古德特村。古德特村主要建筑有波福特城堡，是宗教战争期间保护居民的堡垒。从普里马约克斯到古德特的下坡路特别陡峭且狭窄，需要非常小心。然后继续前往圣尼科拉斯，这是一个典型的韦莱村，黑色的石头房子围绕着一座教堂。布切特以北 1.6 千米处有一座同名字的湖。

第 2 天：圣尼科拉斯—普拉德莱斯

从布切特－圣尼科拉斯出发，继续向南穿越朗多村。这是一座有 900 人的村庄，村里有一座 11 世纪的罗马式教堂。骑马穿过韦莱的田野和韦莱的最后一片草地，然后到达普拉德莱斯，第 2 天的行程到此结束。

第 3 天：普拉德莱斯—谢拉尔莱韦屈埃

普拉德莱斯是法国最美丽的村庄之一。它有各种各样的历史遗迹，比如坚固的城门，让人回忆起宗教战争喧嚣的过去。从这里向朗戈涅出发，这段路骑马很难走，因为入口处的桥上没有人行道。千万要小心。经过格沃丹就到了美丽的谢拉尔莱韦屈埃村。

第 4 天：谢拉尔莱韦屈埃—巴斯蒂德普伊劳伦特

在谢拉尔和卢克之间有一片鲜花盛开（春天）的牧场和榉树、桦树林，骑马穿过这里。下山向卢克和阿利埃峡谷前行时，您会看到一座建于 12 世纪的城堡遗迹。沿着山谷一直走到巴斯蒂德普伊劳伦特。这座小镇在 19 世纪随着马赛—巴黎铁路的开通而发展起来，这条铁路穿过洛泽尔和中部山脉山区。史蒂文森小道在这里暂时偏离山谷，穿过树林爬上阿尔代什的内吉斯圣母修道院。建于 1850 年的这座西多会修道院可以接待徒步旅行者。

第 5 天：巴斯蒂德普伊劳伦特—查塞拉德

过了巴斯蒂德普伊劳伦特，小道从雷戈丹小道中分岔出来，通往西南部的查塞拉德村，村里有一座建于 12 世纪的历史悠久的圣布莱斯教堂。向古勒特山前行，小道沿着铁路线穿过跨过沙斯扎克河山谷的米兰多尔铁路高架桥，到达门德。

第 6 天：查塞拉德—布莱马德

罗特河沿着古莱特山的南坡流下。它是法

旅行小贴士

前往时间： 5 月和 6 月，这时花开正艳，白天更长。如果您喜欢金秋时节，且希望游人少，也可以选择 10 月前往。

前往方式： 最近的机场在里昂，然后您可乘火车到达普伊斯恩韦莱，再转乘大巴到加泽尔河畔修道院，全程约 170 千米。

携带行李： 睡袋、轻便速干的衣服、马靴、马裤、徒步靴、帽子、防晒霜、装有山金车霜的急救箱、GR70 路线地图、足够的饮用水、雨衣、泳衣、拖鞋和头灯。最好为马准备一个急救箱、一只备用蹄靴（以防马丢失蹄铁），还有铁钳。另一个无价的旅伴当然是罗伯特·路易斯·史蒂文森的著作《与驴同游塞文群山记》。

▶ 生态小贴士

　　禁止随地宿营。不要践踏
庄稼和脆弱的植物，不要打扰
野生动物。装好垃圾并妥善进
行回收处理，尊重私人财物，
随手关门，放慢速度让行人先
通过。在狩猎季节，要小心避
开狩猎区域。

实用网址

us.france.fr/en
chemin-stevenson.org
fct1.fr

国最长的河流之一，也是加隆河的一条支流。在布莱马德村，有一座 12 世纪的教堂圣让迪布莱马德值得一看，它也是一座历史丰碑。

第 7 天：布莱马德—蒙特维尔角

　　从布莱马德到蒙特维尔角，小道沿途经过洛泽尔山区，其最高峰菲尼尔斯峰海拔 1700 米，位于法国最大的公园塞文国家公园的中部。然后，继续向蒙特维尔角村前行。

第 8 天：蒙特维尔角—弗洛拉克

　　在蒙特维尔角，您可以参观洛泽山生态博物馆，馆里展示了这座山的自然和文化遗产。您还可以在横跨塔恩河及其岩石河床上的村庄里漫步。沿着这条路线，爬上主要由花岗岩和片岩组成的布格斯山。这座山一半是森林，主要树种是榉树和针叶树；另一半是荒原，南坡有杜松和牧场。站在山顶，塞文山脉尽收眼底。这条路向西沿着布格斯山下坡，通向弗洛拉克。弗洛拉克是一座有 1900 名居民的小村庄，地处喀斯、洛泽尔山和塞文山脉中的巴尔雷山交会处，塔农河从这里流过城市。建于 12 世纪的弗洛拉克城堡是塞文国家公园的行政中心，您还应该去看看外观令人瞩目的古老的骑士团圣殿和新教教堂。从弗洛拉克到阿勒斯，曾以桑树种植和养蚕为主要产业，直到 19 世纪中期，一场瘟疫摧毁了农场。当蚕的数量减少时，大部分劳动力迁移到阿勒斯，开始了工业煤矿开采，这大大加剧了塞文地区的沙漠化。

第 9 天：弗洛拉克—卡萨格纳斯

　　从弗洛拉克出发，沿着花岗岩山谷米门特谷向东朝着卡萨格纳斯前进。沿途您会穿过松树林和栗子林。板栗晾干后可以保存好几个月，是当地居民冬季的主要食物。

第 10 天：卡萨格纳斯—圣日耳曼德卡尔贝特

　　过了卡萨格纳斯之后，这条小道向南蜿蜒，然后又向东南方延伸至圣日耳曼德卡尔贝特。在历史悠久的塞文地区的中心地带，矗立着建于 11 世纪的城堡和 14 世纪的教堂钟楼。这座村庄里还保存有新教文化、佩拉登奶酪和石板屋顶房子等传统特色事物。

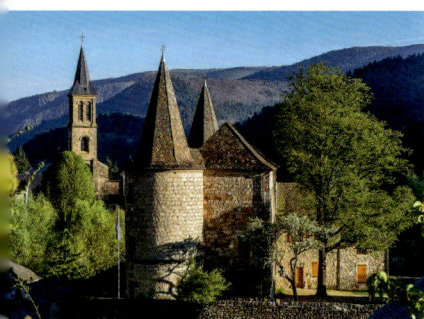

第 11 天：圣日耳曼德卡尔贝特—圣让迪加尔

沿着小道继续前行 9 千米后到达法国圣艾蒂安河谷，从这里可以看到坎比城堡等各种防御工事。坎比城堡是雷蒙·德·迪卡尔伯特家族于 14 世纪修建的，如今已成为客栈。继续向南行走，史蒂文森小道穿过加顿森林，森林中有栗树、松柏树和刺槐树等。穿过圣皮埃尔山口，下山来到今天行程的终点圣让迪加尔小镇。从圣皮埃尔到圣让迪加尔这段路陡峭而狭窄，马几乎没有办法行走。要绕过这一段，可以在圣艾蒂安河谷前面的布尔根角开始从 GR70 线转到 GR67A 线，然后再到 44D 线，到位于圣让迪加尔和阿勒斯之间的科尔杜格拉斯时再重回 GR70 线。在圣让迪加尔，您可在古镇上走走，去市集和钟楼逛逛，在周二的市集上可以大快朵颐，尝尝比萨或福加斯面包。钟楼已只是一座在宗教战争中被摧毁的 12 世纪罗马式教堂遗迹。圣让迪加尔以北的米亚雷特村有一座记录塞文地区新教历史和加米撒尔战争的博物馆，可去那里参观一下。

第 194 页上图： 阿利埃峡谷附近的圣玛丽查泽斯。阿利埃河汇入卢瓦尔河，比卢瓦尔河长。它形成了一座深深的山谷，山谷中有村庄、树林、玄武岩峡谷和悬崖等景观。

第 194 页下图： 弗洛拉克城堡是成立于 1970 年的塞文国家公园的行政中心和博物馆。

第 195 页图： 圣日耳曼附近的骑马旅行者。这条小道主要是骡道和乡村小路，道路旁有许多设施齐全的旅店。

卡奇亚山马背之行

　　马尔凯有海岸、丘陵、乡村、洞穴、山脉、城市及艺术，可谓应有尽有，汇集了意大利所有的景观，其风景之柔美让游客惊讶不已。蒙特菲尔特罗是其中一个区，横跨意大利佩萨罗乌尔比诺省和里米尼省、艾米利亚罗马涅区，圣马力诺共和国，以及意大利阿雷佐省托斯卡纳区。蒙特菲尔特罗是一个鲜为人知的地区，有待人们去探索，这里放牧的是一种以山的名字命名的马种——卡奇亚山马，这种马强壮而憨厚。在亚平宁山脉的中心地带，骑着马悠闲地穿过村庄和修道院，时而停下来在小河边游泳，这是一种令人心旷神怡的体验。沿途您还可以欣赏到岩鹨鸹、鼠龙和金雕等当地动物。

费尔米尼亚诺

巴西阿尔迪

佩特拉诺山

弗龙托内

卡奇亚山

● 第1天　● 第4天
● 第2天　● 第5天
● 第3天

第196页上图：黎明中的卡奇亚山。
第196页下图：马背上的一天是幸福而快乐的，训练有素的马是您马背之行中最好的旅伴。

起点： 费尔米尼亚诺
终点： 费尔米尼亚诺
全程： 250 千米
时间： 5 天
难度： 中（每天在马背上骑行 6—7 小时）
住宿： 帐篷、农舍

第 196—197 页图： 费尔米尼亚诺是著名建筑师多纳托·布拉曼特的故乡，位于梅托罗河左岸。民兵塔保卫着河上的一座三拱罗马桥。

生态理由： 骑在马背上的旅行者可以享受探索这片土地和接触当地人的乐趣。对于那些想要沉浸在大自然的静谧与和谐之中的人而言，这是一次理想的旅行。您还有机会在已经被改成绿色建筑的农场里过夜，这里种植并烹饪有机食物。

第 1 天：费尔米尼亚诺—弗龙托内

从卡马达莱纳农场出发，一路向蒙特菲尔特罗的山丘驰骋，傍晚到达卡奇亚山山脚下的弗龙托内小镇。在这里的营地搭帐篷过夜。

第 2 天：弗龙托内—卡奇亚山

今天，到达海拔 700 米的卡奇亚山山脚下的阿维拉纳修道院。这座修道院修建于 10 世纪末，当时一群隐士选择在这里修建了第一批小屋。他们的精神受到拉文纳的圣罗穆尔德的影响，圣罗穆尔德是卡马尔多利斯修道会的创始人。从这里，您可以爬上海拔 1700 米的卡奇亚山山顶，并在山上过夜，住在帐篷或海拔 1400 米的库帕德勒科塔林驿站里。

第 3 天：卡奇亚山—佩特拉诺山

骑马从卡奇亚山下来，爬上佩特拉诺山，从这片广阔的高原上可以欣赏卡奇亚山，前景是阿库托山的剪影，背景是涅罗

旅行小贴士

前往时间: 从春季到秋季,最好是夏季。

前往方式: 最近的机场是安科纳机场,然后从机场乘坐火车或大巴到大约100千米以外的费尔米尼亚诺。从费尔米尼亚诺还需乘坐小汽车到距离乌尔比诺12千米的马背之行起点卡马达莱纳。

携带行李: 一个包或背囊,里面装着晚上需要的所有物品:睡袋、长裤、换洗衣服、毛巾、洗漱用品、泳衣、徒步靴、绑腿、防水衣服、头灯。

纳山。从这里还可以俯瞰亚得里亚海海岸和意大利中部的风景。沿途,漫山遍野都是榉树、枫树、圣栎树,还有马、骡子、牛、绵羊和山羊等牧群。夏天,小道两边开满了水仙、紫罗兰和兰花。您可以在佩特拉诺山山脚下安营扎寨过夜。

第4天:佩特拉诺山—巴西阿尔迪

在今天的行程中,您将会穿过原生态的树林,翻过涅罗纳山,来到具有特色的村庄巴西阿尔迪,这里有典型的石屋。您可以在19世纪末的一座石头房子慢坎达中享用晚餐和住宿。这座石屋已经被翻修成绿色建筑,能源几乎是自给自足。这里的蔬菜都是用有机方法种植的。

第5天:巴西阿尔迪—费尔米尼亚诺

今天,在福索德尔埃雷莫山谷中一路涉过一些浅滩,然后爬上蒙蒂戈山,再次来到壮丽的蒙特菲尔特罗山,从这里再返回费尔米尼亚诺的卡马达莱纳。

▶ 生态小贴士

轻装出行,尊重您的马的需求,与您最重要的旅伴建立良好的关系将使这次在大自然中的旅行更完美。沿途不要乱扔食物和垃圾,尤其重要的是不要在环境中留下烟头。远离野马群,种马可能会攻击您的马来保护它们的母马。一些路段需要您下马牵着马走。

实用网址

en.turismo.marche.it
www.montecatria.com
horseback.it
camaddalena.com
www.asmontecatria.com

199

卡帕多西亚马背之行

起点:	阿瓦诺斯
终点:	阿瓦诺斯
全程:	约 160 千米
时间:	7 天
难度:	难
住宿:	帐篷和酒店

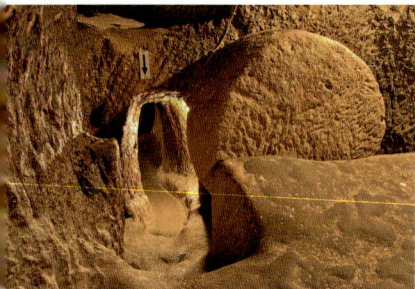

第 200 页上图: 红谷美景。红谷特别适合骑马旅行。

第 200 页下图: 卡帕多西亚的众多地下城市之一。其外层是火山花岗岩。

第 201 页图: 在这片由熔岩经过数百万年风吹雨打而形成的土地上骑马旅行是令人兴奋的。在这里,大自然是绝对的主宰。

土耳其横跨欧洲和亚洲,连接马尔马拉海和达达尼尔海峡的博斯普鲁斯海是两大洲之间的边界。土耳其这片土地上蕴藏着难以估量的艺术和文化宝藏。除了历史古迹和考古遗址,这里还有如画的独特风景,从金色的海滩到山谷中的岩石岩层,再到内陆起伏的丘陵。

在所有为这个非凡国度添彩的环境中,最引人入胜的是卡帕多西亚。卡帕多西亚位于安纳托利亚半岛中心,被联合国教科文组织列入世界遗产名录。在这片神奇的土地上,有许多山谷、峡谷、石柱森林(又称"神仙烟囱")和穴居等童话般的景观,这些景观有些是大自然的鬼斧神工造就的,有些是人工雕琢的。这些惊艳的景观保存了在这里诞生和发展的文明的痕迹,包括亚述人、赫梯人、波斯人、基督徒、拜占庭人、蒙古人、希腊人、奥斯曼人等文明。

卡帕多西亚的意思是"美马之地",要探索这片"美马之地"的山谷,敏捷、活泼的安纳托利亚当地马匹最合适不过了。这条路线的难度提高了。由于是山区岩石地形,您会经常骑着马前行,有时遇到非常陡峭的小路时,您必须得下马牵着马步行。

图例:
- 第 1 天
- 第 2 天
- 第 3 天
- 第 4 天
- 第 5 天
- 第 6 天
- 第 7 天

地名:奥兹科纳克、齐兹利马克河、阿瓦诺斯、卡武辛、格雷梅、玫瑰谷、卡赖因、塞米尔

生态理由: 在大自然鬼斧神工的奇特景观中,旅游要尊重当地文化,尽量不要入侵式旅行。旅途中的大多数夜晚住帐篷,享受土耳其当地人准备的特产美味。组织这条徒步旅行路线,推动可持续性负责任旅游的运营商最关心的就是马的康乐。

生态小贴士

旅行者要负责他们的马的健康。所有垃圾都必须随身带走，不要随手扔在路边。了解这个地区环境的脆弱性，注意保护环境。

实用网址

turkey.com
goturkey.com
ktb.gov.tr
inthesaddle.com

第 1 天：阿瓦诺斯—奥兹科纳克—阿瓦诺斯

从以陶瓷闻名的阿瓦诺斯镇的马厩出发，一路向卡帕多西亚最广阔和迷人的三个地下城市之一的奥兹科纳克前行。该镇位于凝灰岩中，共 10 层，有复杂的通风系统和供水系统。现在，只有 4 层对公众开放。参观完地下定居点后，下午穿过阿瓦诺斯的主要风景区兹亚雷特达吉山回到马厩。

第 2 天：阿瓦诺斯—玫瑰谷

早晨，骑马穿过德雷亚曼里谷，这里有一座基督教教堂，这座教堂修建于 6 世纪，是在岩石上挖掘出来的。沿途您还可以看到许多小葡萄园。随后来到石柱森林附近的白谷。

午餐后，跨过格雷梅谷，从这里您可欣赏到玫瑰谷和红谷，甚至还可以看到奥塔希萨尔蜂巢式的天然堡垒，它由隐藏在植被下的洞穴和隧道组成。这是卡帕多西亚最壮观的山谷，有着红色、粉色和赭石的城堡。晚上在玫瑰谷露营过夜。

第 3 天：玫瑰谷—塞米尔

从玫瑰谷出发，骑马前往奥塔希萨尔和穆斯塔法帕萨，这个村庄曾经叫"西纳索斯"，起源于它的希腊名字。下一站是在岩石中凿出的拜占庭修道院凯斯利克，这座修道院建于 7 世纪到 13 世纪。修道院有两座小教堂、一座餐厅、宿舍以及在

岩石中凿出来的生活区。圣斯蒂芬教堂距离修道院约50米，教堂内有珍贵而美丽的壁画。晚上在塞米尔村外露营过夜。

第4天：塞米尔—卡赖因

早晨，穿过塞米尔山谷。山谷位于高原、壮丽的盆地和林立的石柱之间，在高耸的凝灰岩金字塔塔尖有一块大岩石，传说大岩石是由神力放上去的。骑着马爬上美丽的峡谷，到达塔斯金帕萨村。在到达卡赖因营地之前，您可以参观14世纪的卡拉马尼德清真寺。

第5天：卡赖因—齐兹利马克河

在今天的行程中，您将到达阿克伊高原，在这里您可以极目四望，风光无限。到达索富拉尔后，如果是晴天，您可欣赏到远处海拔3900米的埃里耶斯火山的剪影。继续沿着一条古老的13世纪商队贸易路线前行，这条路线被称为"乌尊约尔"，意思是"漫漫长路"。晚上，在土耳其最长的齐兹利马克河（红河）河畔宿营。

第6天：齐兹利马克河—阿瓦诺斯

今天的行程主要沿着齐兹利马克河的河床行进，在这里您可以尽情驰骋。在帐篷里住了4个晚上之后，今晚重新回到阿瓦诺斯的酒店休息。

第7天：阿瓦诺斯—卡武辛—格雷梅—阿瓦诺斯

最后的行程是在阿瓦诺斯附近的探索之旅。向格雷梅出发，一路上经过绝美的玫瑰谷和红谷，来到古老的岩石村卡武辛。从卡武辛开始，您可以在草原上驰骋。下午，参观格雷梅露天博物馆，其中许多教堂、修道院和小教堂都只能通过石阶或在岩石中凿出的隧道才能到达，在那里您可以欣赏到壮观的壁画。惊心动魄的马背之行到此结束。

旅行小贴士

前往时间： 4月初至10月。

前往方式： 抵达内夫谢希尔机场后乘坐小汽车到达约35千米外的阿瓦诺斯。

携带行李： 睡袋、骑马服、头盔、绑腿（或皮套裤）、适合骑马和徒步的舒适的橡胶鞋靴、不骑马时穿的舒适衣服、羊毛衫、手套、围巾（或大手帕）、头灯、水壶、毛巾、洗漱用品、手机和相机电池充电器、防晒霜、太阳镜、泳衣、拖鞋、药品、防蚊液。

吉尔吉斯斯坦

起点: 塔姆奇

终点: 多波

全程: 37 千米

时间: 3 天

难度: 易

住宿: 帐篷、客栈

第 206—207 页图: 被联合国教科文组织列入生物圈保护区的世界第二大高山湖伊塞克湖附近的一些圆顶帐篷（亚洲游牧民族的家园）。

生态理由: 这次马背之行可以让您穿越风景鲜为人知的崇克明国家公园。这里的景观从沙漠到针叶林再到绿色丘陵，反差极大，完全是一片原生的大自然风光。在这次旅行中，您可与当地人密切交流，充分感受吉尔吉斯文化。事实上，一路行程就是接连对当地家庭的走访，其中包括蒙古包搭建者和仍在使用猛禽狩猎的驯鹰人。这是一个真实而迷人的世界，有待您不带任何偏见去发现和探索。

科尔科古尔湖马背之行

　　吉尔吉斯斯坦，连接中国和地中海的古丝绸之路上的"天山之国"，是一个多山的国家，以天山山脉和帕米尔高原为主。吉尔吉斯斯坦有许多国家公园和森林保护区，保护着自然景观的多样性，有许多骑马或步行的徒步旅行路线，是每一位热爱冒险的生态旅行者的梦想天堂。吉尔吉斯斯坦还保持着游牧生活传统，事实上，即使是现在，在温暖的季节，牧民家庭也会带上他们的牲畜到牧区生活。他们在牧区搭建用木制框架外盖羊毛毯制作成的蒙古包，这就是牧民们可以随时打包带走的家。

　　此处所推荐的徒步旅行目的地是崇克明地区，位于崇克明国家公园内，多岩石峡谷、沙漠高原、森林、草地和湖泊，其中包括海拔 2000 米的科尔科古尔湖，只能步行或骑马前往。崇克明国家公园保护着 780 多种植物和珍稀动物，有雪豹（其数量近年来急剧减少）、棕熊、欧亚猞猁、金雕、喜马拉雅秃鹫、髯鹫、猎鹰和黑貂等。

● 第 1 天
● 第 2 天
● 第 3 天

崇克明谷　　科尔科古尔湖

多波

崇克明国家公园

塔姆奇

第 207 页图： 伊塞克湖，深 700 米，是联合国教科文组织认定的生物圈保护区。

207

第 208 页左上图：在吉尔吉斯斯坦，马背摔跤是一项国家体育运动。吉尔吉斯人是半游牧的牧民，他们生活在山区，放牧羊、马和牦牛（藏牛）。

第 208 页右上图：一个小孩骑着一头犟驴，一名男子想要把这头驴拉过桥。

第 208 页下图：中亚是鹰狩猎这一古老传统的发源地，这一传统代代相传，是人类获得皮毛和食物的主要途径。

第 209 页图：在伊塞克湖州有许多骑马小道，通常到一些地方除了骑马或步行别无他法。

第 1 天：塔姆奇村

此行第一站是海拔 1600 米的塔姆奇村，该村在联合国教科文组织认定的生物圈保护区内，位于伊塞克湖北岸。有趣的是，尽管这座湖的海拔很高，但从不结冰，被称为"热海"。当地人除了保护生态系统及其多种生物物种之外，还小心地保护他们的游牧传统、民族歌舞和吉尔吉斯地毯制作的古老工艺。晚上在客栈过夜。

第 2 天：塔姆奇村—科尔科古尔湖

骑着马开始第一段行程，翻越海拔 3320 米的科尔托尔山口。在这里，伊塞克湖美景尽收眼底。接着继续向科尔科古尔湖前进，这座湖位于崇克明国家公园内，公园里还有一条同名的河流过。等到达尔科古尔湖边，就可以下马到湖边漫步了。这座湖海拔 2000 米，被孔吉阿拉太山脉和满山的针叶林环抱。晚上在此宿营。

第 3 天：科尔科古尔湖—多波村

早晨继续向崇克明谷出发。沿途您可在湖边停下来休息。一路上需要穿过一些山口，最后到达行程的终点，即海拔 1400 米的多波村。在这里，您可以参加当地的音乐会，然后找一家当地客栈住宿。

前往时间： 5月中旬到9月中旬是比较理想的时间。在秋冬季节，蒙古包都会被拆除，游客住宿点都会被关闭。

前往方式： 从首都比什凯克机场出发，您可乘坐大巴或火车，也可租一辆小汽车到距离机场230千米的塔姆奇村，这是马背之行的起点。此次马背之行由专门经营吉尔吉斯斯坦境内及中亚地区旅游路线的生态旅行公司组织。您也可在社区旅游办公室租马。旅行期间，行李和宿营装备都一起携带在马背上。

携带行李： 如果不打算联系专业公司，则必须在出发之前买好地图，因为在当地很难买到。由于这条小道的平均海拔达到2830米，所以要做好应对恶劣天气的准备。建议带上在帐篷中睡觉时穿的保暖衣物、防水夹克、舒适的鞋子和高原徒步靴、帽子、高强度防晒霜和柔软的行李袋，不要带坚硬的行李箱。

▶ 生态小贴士

此行的理念是为了尊重中亚地区脆弱的多样生物物种及友善好客的当地人，努力减少不可再生资源的消耗。和当地人共处时，即使只是吃午饭，也请尊重他们的传统。

实用网址

caravanistan.com

www.discoverkyrgyzstan.org

cbtkyrgyzstan.kg

育空荒原马背之行

　　育空地区位于加拿大西北角顶点，与阿拉斯加接壤，远眺北极，是加拿大三大寒冷地区之一。它是以流经此地的育空河命名的，在格威奇恩人的语言中，育空是"大河"的意思。

　　远离常见的旅游路线，育空地区提供了壮丽的野生全景，有冰川峡谷、高地、河流湖泊、森林、针叶林、苔原等景观。这里的土地完全是原生的，未被破坏，人口密度非常低，是一个真正的自然天堂。其住宅中心采取了一项可持续发展政策。比如，育空地区的首府白马已经起草了"白马可持续发展计划"。该计划于2015—2050 年实施，其中涉及城市活动的环境影响、保护绿色地区、减少能源浪费以及鼓励集体参与和社会包容等相关的 12 个目标。

　　要享受真正的环保冒险旅行，马必须强壮可靠。这些动物一般生活在野外，即使是在严冬也如此，它们习惯行走于山区地形和蹚水。此处所推荐的行程适合有野营和徒步旅行经验、具有冒险精神并渴望独特体验的旅行者。

第 210 页图： 准备启程的马。这些强壮的动物常年生活在野外，它们适应了负重、涉水和山区地形。

闪耀谷
博纳维尔
野羊湖
玫瑰溪
鱼湖
玫瑰湖
短吻鳄湖
大本
沃森河

🔴 第 1 天	🟢 第 7 天
🟤 第 2 天	🟩 第 8 天
🟠 第 3 天	🔵 第 9 天
🟡 第 4—5 天	🔵 第 10 天
🟡 第 6 天	

起点：闪耀谷（鱼湖谷）

终点：闪耀谷（鱼湖谷）

全程：约 360 千米

时间：10 天

难度：难

住宿：别墅、帐篷

第 210—211 页图：博纳维尔地区的秋色与湖景鸟瞰。

生态理由：此次马背之行的精神在于将这种体验本身看作一次环境与文化的浸润，而不仅仅是一次个人体验。不仅仅只是一次冒险，而是一次"环保意识"之旅。导游引导游客如何欣赏自然风光的美，并鼓励一种帮助保护育空地区未被污染的自然景观的行为。

前往时间: 此次马背之行的最佳时间是气候温和的夏季。

前往方式: 乘机抵达育空地区首府白马,然后驱车约1小时到达闪耀谷。

携带行李: 床垫、睡袋、水壶、骑马帽(强制性需要戴的)、靴子、手套、马裤、骑马穿过茂密的林地时保护腿的皮套裤。早晚温差比较大,夜间5℃、白天30℃,所以,除了一件风衣,晚上最好带上帽子、暖和的手套、舒适的鞋子和暖和的休闲服。此外,还要带上太阳镜、热水瓶、泳衣、小毛巾、个人药品、相机和备用电池。

第212页上图: 普通的潜鸟一家,这种潜鸟被认为是一种濒临灭绝的物种。

第212页左下图: 育空地区的一个湖泊,不同颜色的树叶区分了该地区不同的植物。

第212页右下图: 海狸是当地动物群的一部分。育空地区的植被分为亚北极植被和高山植被。这里57%的土地被北方森林覆盖,有200多种野花。

第213页图: 马背之行小道附近的凡尼尔山和库萨瓦湖,该湖是这个地区的主要湖泊之一。

第1天:闪耀谷—博纳维尔

徒步旅行从鱼湖峡谷的闪耀谷牧场开始,头一天晚上在这里过夜,享受午夜阳光。早晨,把鞍囊称量好,分给驮马,然后启程。穿过育空地区的第一座山脉和旷野。晚上,您在这里安营扎寨。

第2天:博纳维尔—野羊湖

吃完早餐,收起帐篷,骑马向马尔莫特山口出发,这是一处海拔1800米的狭窄山口,通往经常有北美驯鹿、驼鹿和灰熊出没的一座高原。然后到达位于高山之上的野羊湖,晚上您就在此宿营。

第3天:野羊湖—玫瑰溪

早晨,骑马跨过一片开阔地来到泥湖,这是由冰川形成的一个湖。蹚过一些溪流,然后停下来吃午餐。吃过午餐,边休息边牧马。再骑上马背向晚上的宿营地玫瑰溪前行，沿途美景尽收眼底。一路上要留意狼窝。晚上在篝火旁搭起帐篷过夜。

第 4 天：玫瑰溪—玫瑰湖

　　早餐后，骑着马穿过森林，沿着一条老路前行，从这里可以俯瞰形成于冰川时代的一座山谷。最后到达玫瑰湖，这里有鹰、鸭、鹅及其他候鸟等各种各样的野生动物。您还可以看到海狸筑的坝。晚上宿营地的新鲜食品由水上飞机运输补给。

▶ 生态小贴士

　　您得负责给自己的马喂食和梳理马鬃。带上可生物降解的个人卫浴洗漱用品。不要在小道旁随手扔垃圾。

实用网址

www.canada.travel
pc.gc.ca/en/index
cheval-daventure.com
www.yukonshinevalley.com

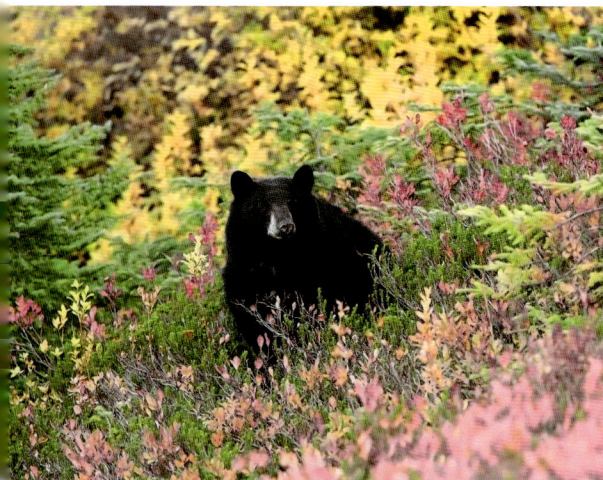

第 214 页上图：在不列颠哥伦比亚省和育空地区的交界处吃树莓的黑熊（美洲黑熊）。在小道沿途您会遇到熊。

第 214 页下图：旅行路线上在牧场之间运送物资与行李的马队。

第 214—215 页图：沃森湖区湖景鸟瞰。育空地区人烟稀少，但是自然风光秀美，有许多小湖和大山。

第 5 天：玫瑰湖

今天马和骑行者都停下来休整。您可以钓鱼、游泳（如果湖水不太凉的话）、泛舟，或在森林里漫步，观赏各种动植物。晚上，在篝火旁吃晚餐，然后在帐篷中休息。

第 6 天：玫瑰湖—大本

今天的目的地是大本，一座老旧的猎人小屋。小道穿过一片开阔的草地来到一座山岭，岭上是一片高山森林，从这里可以俯瞰沃森河。晚上在帐篷中过夜。

第 7 天：大本—沃森河

沿着沃森小道前行，顺着河流穿过森林。蹚过河，在河岸

边停下来吃午餐。下午，骑马来到森林中的一片空地，可以看到群山和草地，草地上有驼鹿牧群。晚上在篝火旁享受夜色，然后在帐篷中宿营或在星空下露营。

第 8 天：沃森河—短吻鳄湖

从这里穿过一片森林，来到高地，这里是观察野生动物的理想之地。夏天，驯鹿和驼鹿会到这里寻觅充足的牧草。结束一天的行程后，下山来到短吻鳄湖山谷，这里由于冰川活动留下了一些沙洲。晚上在这里吃晚餐和宿营。

第 9 天：短吻鳄湖—上鱼湖

吃过早餐后，骑马穿过介于短吻鳄湖和鱼湖南岸之间的一片高原，这里是观看驯鹿的理想场所。到达可以俯瞰湖景的最高点，然后在此宿营。这里是欣赏日落西山的绝佳之地，也是您在野外度过的最后一晚。

第 10 天：鱼湖—闪耀谷

拔营上马，开始最后一天的行程。越过山区和苔原，随后从鱼湖最北端下山来到闪耀谷牧场，并在这里休息，吃晚餐和住宿。

黄石公园至贝克勒河小道

1872 年 3 月 1 日，美国国会和总统尤利西斯·格兰特为黄石国家公园揭幕，这是世界上第一座国家公园。黄石公园主要位于怀俄明州，一部分位于蒙大拿州和爱达荷州。它现在是联合国教科文组织认定的世界遗产，也是大黄石生态系统的核心，大黄石生态系统是北半球温带最大的完整生态系统之一。园区大约 5% 被水覆盖，15% 是草原，80% 是森林，其中包括一些珍稀植物。这里是灰熊、狼、野牛和驼鹿的王国，数百种哺乳动物、鸟类、鱼类和爬行动物生活在这里，其中包括一些濒临灭绝或受到威胁的物种。

此处推荐的路线是穿过怀俄明州和爱达荷州的贝克勒地区（也被称为"喀斯喀特角"），前往银巾瀑布和杜南达瀑布。骑马穿过草地，蹚过河流，经过瀑布和温泉，您可以游泳，尽享无限美景。

第 216 页图：拴在黄石国家公园里的马，等待骑行者开启穿越公园之旅。

水牛湖

边界溪

松脂石高原

贝克勒管理站

贝克勒河

- ● 第 1 天
- ● 第 2 天
- ● 第 3 天
- ● 第 4 天
- ● 第 5 天

起点：贝克勒管理站

终点：贝克勒管理站

全程：48.9 千米

时间：10 天

难度：中

住宿：帐篷

第 216—217 页图： 秋天的贝克勒河。这条宽阔而偏远的河全程流经黄石国家公园，最远与西南部的瀑布河汇合。

生态理由： 黄石国家公园是各种随处可见的野生动物的家园，也有许多壮观的自然风光，这些原生的景观让其成为世界上最受欢迎的公园之一。

前往时间： 7月、8月、9月最佳，其中7月和8月最热门。

前行方式： 最近的机场是西黄石机场。从这里乘坐小汽车前往距离机场约55千米的西黄石公园入口，这个入口4月至11月开放。

携带行李： 帐篷、睡袋、水壶、防水旅行袋、防水斗篷、防水裤、骑马服、靴子（小跟的徒步或牛仔靴）、帽子、防晒霜、太阳镜、防蚊液、蚊帐、泳衣、洗漱用品、头灯、相机、摄像机、望远镜、鱼竿。

► 生态小贴士

此次马背之行遵循"不留痕迹"理念：您所到之处只允许留下马蹄印。游客应当采取可持续行为：与野生动物保持距离，在进入公园或从一条水道到另一个水道之前，务必清洁和擦干渔具，尽可能回收并把其他垃圾放入防熊垃圾箱。如果一只垃圾箱装满，就再找一只，严禁将垃圾扔在公园里。禁止从公园里带走兽角、鹿茸、石头、花草或其他任何东西。

实用网址
nps.gov

第1天：贝克勒管理站—边界溪

这条小道从黄石国家公园东南角的贝克勒管理站开始。骑在马背上，您可以在边界溪中戏水。晚上在溪边宿营，您可以在溪里钓鱼、游泳，也可以在溪边休息，看着马儿在草地上静静地吃草。

第2天：边界溪—杜南达瀑布—水牛湖—边界溪

今天的行程您将前往距离边界溪几千米的杜南达瀑布。这条瀑布高45米，是100年前由欧洲人发现的。瀑布脚下有一座温泉池，您可以在池里游泳，欣赏瀑布美景。不远处是银巾瀑布，瀑布源头的温水来源于北部的几座温泉。离开瀑布后，骑马爬上爱达荷州水牛湖山谷，这里有著名的地热泉。随后再返回边界溪，在此宿营。

第3天：边界溪—贝克勒河

今天行程的目的地是约 12 千米外贝克勒河畔的第二个营地，营地距菲利普岔口、格雷格岔口和费恩斯岔口三江交汇处不远。这里的草地是马儿的乐园。您就在此宿营。

第4天：贝克勒河—松脂石高原—贝克勒河

第四天，您可以到流入费里斯岔池的一条岔河上游的温泉进行短暂的游览，岔池被当地人称为"巴布利先生"，您可以在此游泳。您也可以骑马到松脂石高原，这座高原由 7 万年前流纹岩熔岩形成。然后再回到贝克勒河边的营地。

第5天：贝克勒河—贝克勒管理站

在最后一天的行程中，沿着贝克勒河小道的最后一段，穿过洛奇福特，返回出发地贝克勒管理站。您可以停下来在瀑布河边野炊，然后继续上路，骑马经过黄石公园中最美丽的草地，最后返回贝克勒管理站，结束行程。

第 218 页图：黄石公园西南部的梯田瀑布。

第 218—219 页图：一位"牛仔"带领骑马队蹚过黄石公园的一条溪流。

火山痕大道

厄瓜多尔横跨赤道，位于科托帕希国家公园中央高原之间的火山痕大道因此而得名。其自然环境包括亚马逊雨林、安第斯山脉、加拉帕戈斯群岛和太平洋海岸等，也被称为"四个世界之国"。它是所谓的"超级多样物种"的国家之一，拥有丰富的动物群和自然景观，每平方公里的多种生物密度非常高。厄瓜多尔的立法决策表明了它对自然遗产的重视，事实上，该国的"自然权利"得到了宪法的保护。

对于喜欢冒险的旅行者来说，也许穿着传统的斗篷，骑马穿过火山痕大道的壮丽景色，是一次难忘的经历。这次旅行是为专业骑行者准备的。这条小道位于科托帕希国家公园中央高原之间，是大陆上第一条被标记的小道，这里有稀有的植物、奇异的动物群和令人惊叹的岩层。海拔 5800 米的科托帕希火山是世界上最高的活火山之一，是整个保护区的主要景观，其中还包括较小的海拔 4880 米的莫尔科火山和海拔 4720 米的鲁米纳辉火山。徒步旅行在海拔超过 3000 米的地方进行，背景是壮观的火山口和白雪覆盖的山峰。公园里的主要生态系统是高山苔原生态系统帕拉莫，其山地植被主要是针毛蕨和小灌木。

第 220 页图：位于首都基多老城区的国家大教堂。它是美洲最大的新哥特式教堂，建于 1884 年，但从技术上讲，它是"未竣"工程。

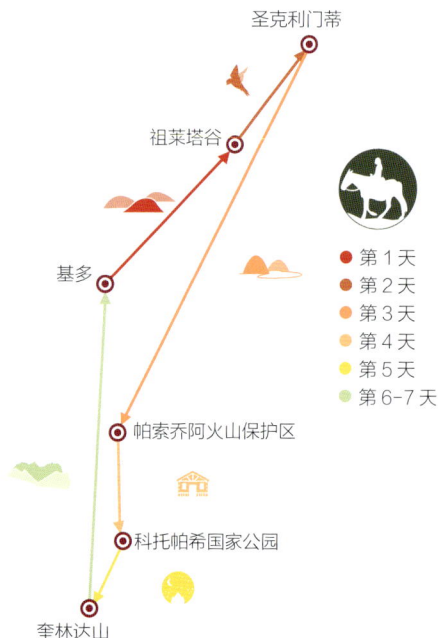

圣克利门蒂

祖莱塔谷

基多

- ● 第 1 天
- ● 第 2 天
- ● 第 3 天
- ● 第 4 天
- ● 第 5 天
- ● 第 6-7 天

帕索乔阿火山保护区

科托帕希国家公园

奎林达山

起点： 基多

终点： 基多

全程： 约 200 千米

时间： 7 天

难度： 中

住宿： 客栈和农场

第 220—221 页图：马背之行从基多开始。基多是联合国教科文组织认定的世界文化遗产，建议您花点时间适应这里的环境。

生态理由： 这次徒步旅行中的当地导游是一名农民，是厄瓜多尔"牛仔"，他生长在安第斯山脉，负责耕地和放牛、牧马，对这片土地十分熟悉。这些农民肩负可持续旅游业的责任，致力于保护环境，为他们合作的社区做出贡献。

第 1 天：基多—祖莱塔谷

在开始马背之行前，建议您至少在基多（列入联合国世界文化遗产名录）待上几天，以适应环境去参观拉美最大、保存最完好的古镇。从基多前往卡安贝谷骑马学校，与导游和将要陪伴您马背之行整个行程的马会合。您也可以试骑，确保自己选择一匹合适的坐骑。

从这里出发，您可以探索祖莱塔山谷，这里漫山遍野都是安第斯山脉的野花，有鸢尾花、菩提花、龙胆和羽扇豆。到达位于山谷中的拉默西德庄园，晚上在此过夜。

第 2 天：祖莱塔谷—圣克利门蒂

早餐后，骑马前往冰河期因冰川消退而形成的区域。一路向山谷攀爬，穿过覆盖在海拔 4610 米的休眠火山英巴布拉火山山坡上的松树林，沿途风景美得令人窒息。幸

旅行小贴士

前往时间：建议 6 月至次年 2 月前往，最干燥的季节是 5 月至 10 月。

前往方式：最近的机场是基多机场。从机场开车，可以走泛美高速公路，或乘火车到埃尔卡斯皮公园入口。当地导游会把你从公园入口带到卡安贝谷的骑马学校，这是此次马背之行的起点。

携带行李：穿多几层衣服，在高海拔地区，昼夜温差很大，会从 30℃ 降到 0℃。带上帽子、防晒霜、太阳镜、水壶。

第 222 页图：白雪覆盖的科托帕希。科托帕希海拔 5872 米，是最大的活火山之一。在盖丘亚语中，科托帕希的意思是"月亮的脖子"。

第 223 页左图：一株叶刺菊上的蜂鸟。

第 223 页右图：祖莱塔谷中的安第斯风景，田野里长着羽扇豆、鸢尾花、菩提花和龙胆等野花。

运的话，您可以看到色彩鲜艳的唐纳雀和黄腹捕蝇鸟。在大自然中停下来吃午餐，然后继续向圣克利门蒂前行，晚上在小客栈住宿。

第 3 天：圣克利门蒂—帕索乔阿火山保护区

早晨再出发，沿着小农场和田地两侧前行，会见到当地生活和工作的人们。来到圣帕布洛谷的山脊上，从这里您可以欣赏到一个同名湖的风景。沿着小道，您会遇到成群的绵羊从一片片藜麦和羽扇豆地旁经过。下午，继续向火山痕大道前行，来到海拔 4200 米的帕索乔阿火山脚下。晚上在帕索乔阿火山保护区内的霍斯特里亚坎塔布里亚过夜。

▶ **生态小贴士**

注意保护环境，所到之处尽量不要留下任何痕迹，要爱护马匹。要享受旅途，就必须与动物和谐相处，或许可以向导游请教。

实用网址

ecuador.travel/en

ambiente.gob.ec/parque-nacional-cotopaxi

ilmondoacavallo.com

inthesaddle.com

losmortinos.com

tierradelvolcan.com/es/hacienda-el-tambo

第224—225页图：在海拔3500—5000米高原上的羊驼牧群。群养羊驼是为了获取羊毛，而更强壮的美洲驼则在帕索乔亚火山脚下。

第225页上图：科托帕希国家公园内的一条河。

第225页下图：基多附近一位赶着马群的农民。

第4天：帕索乔阿火山保护区—科托帕希国家公园

今天，沿着小道穿过草地，草地上有西班牙斗牛正在吃草。这种牛是几个世纪前耶稣会神父为防止偷牛而引进的。科托帕希国家公园里有一座同名火山，该火山是世界第三大活火山。公园里有旷远的荒野和壮丽的新热带高山生物群。这个地区是剑嘴蜂鸟和安第斯秃鹰等猛禽的家园，也是美洲狮、安第斯狐狸和熊的栖息地。通常，在散步时，您可以看到鹿群或成群的野马在公园里吃草，您也可以在这片广阔的平原上驰骋。沿着印加古道来到距离公园北门约1.6千米的洛斯莫蒂诺斯庄园，并在此过夜。这是一个战略要地，您可以从这里欣赏到安第斯山脉的鲁米纳辉、帕索乔阿、西乔拉瓜和科托帕希等4座壮丽的火山山峰。

第5天：科托帕希国家公园—奎林达山坡

今天的行程大约45千米。穿过国家公园向北进发，避开

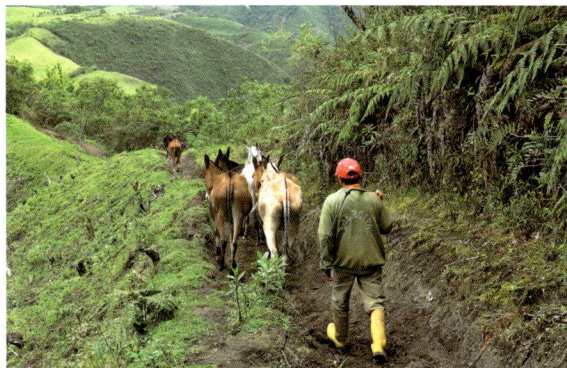

最受追捧的路线，去探索荒野小道。目的地是海拔4880米的奎林达山坡，这里地处偏远，夜晚繁星满天，经常可以看到南十字星座。这里还能经常看到秃鹰、鹰和雕。偶尔您也能遇上牧羊人及其牧羊犬。晚上在埃尔谭博庄园过夜。这座庄园坐落在人迹罕至的偏僻角落秃鹰百奥雷瑟芙，位于科托帕希东坡，海拔3600米。

第6天：科托帕希国家公园—奎林达山

今天游览奎林达山地区，这里植被丰富，草地和低矮灌木丛一直延伸至白雪覆盖的地区。在"牛仔"导游的陪同下，沿着一条环形小道前行。这些导游会讲述他们的日常生活，并邀请游客进行体验。能与当地"牛仔"骑马同行是一种莫大的荣耀，也是一个了解

当地文化的特别机会。今晚，您依然回到昨晚的庄园里过夜。

第7天：奎林达山—基多

今天是马背之行的最后一天。一早醒来，映入您眼帘的是科托帕希和奎林达山峰的壮观景色，如果幸运的话，您还能看到海拔5753米的安提萨纳火山。骑马来到科托帕希山脚，这里风景壮丽，有雄伟的岩石山峰和冰雪覆盖的冰川。在有些地段，您得骑着马走过一层层火山岩。继续沿着河床前进，经过松树林和大片森林，面前出现了宽阔的沙道和绿色的小路，这是此行中最后可以驰骋的理想之地。下午到达公园的入口处，在那里与马匹和导游告别，然后返回基多。

骑行路线

　　自行车骑行是一种生活方式。尝试过骑行的人几乎都喜欢上了它。您可以自由行，自由停。骑行无污染，无噪声，是一种极好的锻炼方式，也是一种实惠的交通出行方式，适合所有人，而且自行车易于操作使用和维护保养。我们要感谢德国卡尔斯鲁厄的卡尔·德雷斯的创造发明，他于 1817 年 7 月 12 日在德国巴登-符腾堡州的曼海姆构思并推出了自行车原型。以其发明者命名的"德雷斯"没有脚踏板，必须用脚推动，但是它为现代自行车的诞生奠定了基础。如今，市场上有各种各样的自行车，有公路自行车、旅游自行车、竞技自行车、山地自行车、雪地自行车、旅行自行车等。

　　骑自行车旅行的人越来越多。城市内外都在创建自行车道网络，满足骑行者需求的自行车友好型酒店设施也越来越普遍，用于查找、监控、跟踪和共享信息的专用应用软件也越来越多。关于组织自行车旅行、设备配件的推荐包等，网上有很多资源，有专业网站和网络教程。

　　那么，为什么骑行会如此受热捧？无论是从一座岛到另一座岛去观光——绕湖骑行，去海边观光，去乡村，去自然保护区，去探索海岸线，或者沿老旧铁路改造而成的小道，以平均每小时 15 千米的速度骑行，让人兴奋又自在。

　　在此推荐几条骑行路线。注意，在开始旅行之前，您需要对实际距离、海拔、路面类型和住宿位置有一个准确的了解。必须正确评估您的身体健康状况，习惯坐在自行车上，并且能够在斜坡和泥泞的道路上骑行。记住，您得背负着额外重量的行李。确保装备齐全，最好是带上一张纸质地图，用全球定位系统确认您的位置，按照路线标志和指示走。

　　所有这一切都是为了有一个独特而令人满意的体验。有人说自行车是人类最高贵的发明，这并非偶然。准备好出发了吗？

第 227 页图： 奥塔哥小道一段上坡路沿途的秋色。自行车正在成为一种大众化的旅行方式，因为它既经济又环保。

罗弗敦群岛

第 228—229 页图： 从特耶德堡汀峰俯瞰斯沃尔瓦尔镇的全景，这里有壮美的群山和美丽的海岸线。

要想真正接触大自然，没有比去挪威更好的选择了，挪威散布着峡湾、山脉、冰川和岛屿，是探险旅游的好去处。挪威是环境保护方面最先进的国家之一，首都奥斯陆当选为 2019 年欧洲绿色之都，目标是减少二氧化碳和其他温室气体的排放。虽然挪威是世界上最大的天然气和石油出口国之一，但该国的绿色经济发展较好。例如，98% 的电力来自可再生能源，电动汽车享有率为全球最高。

在其经典目的地中，罗弗敦群岛精彩绝伦。风景如画的渔村里有色彩鲜艳的木制房屋，还有晾鳕鱼的架子，鳕鱼是这些岛屿的特产和经济资源。这些岛屿周围有丰富的海洋生物，包括世界上最大的深水珊瑚礁。要探索罗弗敦，建议您沿着群岛上的蜿蜒小道骑自行车旅行，这里虽然近北极圈，但气候宜人。

起点: 斯沃尔瓦尔

终点: 奥镇

全程: 137 千米

时间: 5 天

难度: 易 / 中

住宿: 酒店或客栈（传统的渔民小屋，翻修后用作旅游住宿）

斯沃尔瓦尔

勒克涅斯

亨宁斯瓦尔

兰堡

雷纳

奥镇

● 第 1 天　● 第 4 天
● 第 2 天　● 第 5 天
● 第 3 天

生态理由: 罗弗敦群岛是所谓的"可持续旅游目的地"之一。这是一项挪威认证，涵盖了旅游目的地的质量和可持续性。得益于公司和城镇的可持续发展，环境和文化遗产以及当地社区的福祉和经济增长得以保护。

旅行小贴士

前往时间： 建议走群岛脊线 E10，最好是 5 月至 7 月期间，午夜的阳光独特而难忘。

前往方式： 到达博德机场或车站，从博德前往斯沃尔瓦尔的最好办法是乘坐轮渡，大约需要 3.5 小时。斯沃尔瓦尔是群岛上所有徒步旅行路线的起点。从博德也有直航至达斯沃尔瓦尔，大约需要半小时。

携带行李： 自行车可以在当地租到。您需要带上头盔、太阳镜、手机、头灯、急救箱、水壶、垃圾袋、插头适配器、手套、骑行裤、暖腿器、打气筒、气针、地图、防水背包和指南针。

第 1 天：斯沃尔瓦尔—亨宁斯瓦尔

从斯沃尔瓦尔出发沿着 E10 线骑行，来到卡贝尔瓦格，这里有海岸管理博物馆和水族馆。在这里您可观赏到罗弗敦鳕鱼，也称为"北极鳕鱼"，鳕鱼相关的产业是当地的支柱产业，也是欧洲最常见的一种鱼。穿过一条隧道来到罗尔文岔路口，在这里您取道 816 线前往亨宁斯瓦尔村。这座村庄跨两座岛，建筑传统可俯瞰峡湾。晚上您在此过夜。

第 2 天：亨宁斯瓦尔—勒克涅斯

第 2 天，返回罗尔文，取道 E10 线来到通往威斯特瓦格伊岛的桥上。该岛是群岛中心的一片绿洲，是一大片农业区，这里有当地产的奶酪和草药。在岛上，您可以沿着去博尔格的

生态小贴士

沿着这些小道骑行，不要试图开辟新的道路。垃圾必须在指定地点处理。全程使用公共厕所，保护自然环境。为了您自身的安全，骑行时要小心，特别是在隧道和狭窄路段。建议通过当地旅行社组织所有的活动。

实用网址

visitnorway.com
lofoten.info/Visitlofoten

E10 线骑行，在罗弗特，您可以参观维京博物馆。或者，您也可沿着人烟较少的 815 线前行。

这两条路线沿途都有美丽的风景。晚上您在罗弗敦的中心勒克涅斯过夜。

第 3 天：勒克涅斯—兰堡

今天的行程是沿着 818 线去巴尔斯塔德渔村。沿 E10 线返回，穿过水下的纳普斯特劳姆隧道到达弗拉克斯塔多亚岛上的纳普。然后下山向瓦瑞德骑行，顺着前往努斯峡湾的标志行进。努斯峡湾是另一个风景如画的渔村。向弗拉克斯塔德返回，沿着兰堡方向骑行到达克瓦尔维卡海滩。在这个与世隔绝的海湾里，您可以看到碧绿的海水拍打着沙滩，陡峭的悬崖高耸入

云。晚上在兰堡过夜。

第 4 天：兰堡—雷纳

从兰堡向南骑行（稍微绕行）到三德，然后跨过一座桥来到汉诺伊，这是罗弗敦最古老的村庄。村子很小，但是异常美丽。参观当地的博物馆和画廊，您将了解当地文化和历史。参观完这座村庄后，骑车前往位于挪威峡湾中的雷纳，这是为游客熟知的另一颗偏远的宝地明珠。晚上，您在此过夜。

第 5 天：雷纳—奥镇

奥镇是罗弗敦骑行的最后一个小镇，也是在 E10 线上，在这里 E10 被称为"奥拉夫五世国王路"。参观完罗弗敦鱼博物馆和挪威渔村博物馆，这次骑行到此结束。

第 230 页左图：向拉夫茨三德特骑行的一位骑行者。

第 230 页右图：通往罗弗敦群岛最大的中心勒克涅斯镇的一条大路，路两旁是花田。维斯特拉伦是观察北极光的好位置。

第 231 页图：雷纳坐落在山脚下，宛如一颗宝石，极受游客追捧，通常被认为是挪威最美丽的村庄。

北环骑行

　　荷兰几乎一半的土地低于海平面，但荷兰人已经排干了水，恢复了农田，现在有2400千米的水坝保护着这个国家。这个地势平坦的国家是自行车骑行的理想目的地，骑行路线里程超过3.2万千米，在其错综复杂的自行车骑行网络中有许多出行选择。

　　北环是荷兰的一条经典旅游路线，沿途有风车、农田、郁金香和其他花卉、桥、童话般的小村庄和自然保护区等美丽的风景。这条小道起止于阿姆斯特丹。你可以直接向北骑行，这适合骑行新手，但对于那些想在旅程中多待几天的人，从登海尔德坐半小时轮渡到克塞尔岛。在这里，您可以骑行去沙丘国家公园和埃科马尔。同样，您也可以从霍恩到马尔肯。

第232页上图：阿姆斯特丹以北赞瑟斯汉斯附近的小道，是经联合国教科文组织认定的世界文化遗产地。您可将自行车扛上火车，乘火车从首都来到这里。

第232页下图：赞瑟斯汉斯还因其小木屋、运河及奶酪生产而闻名。

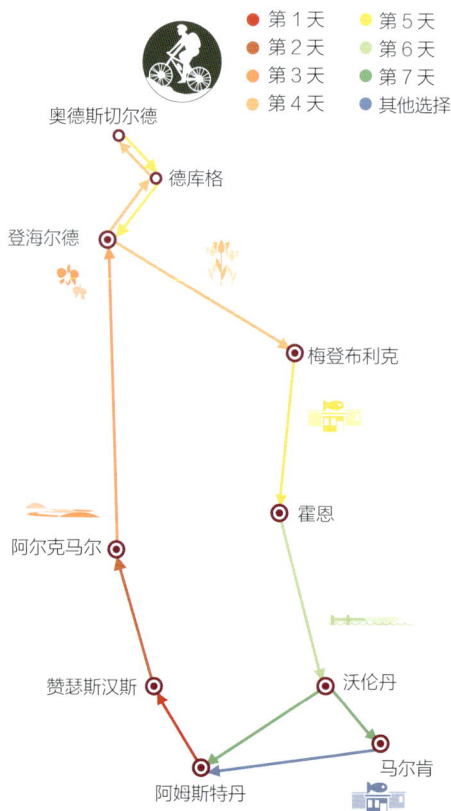

第1天　第5天
第2天　第6天
第3天　第7天
第4天　其他选择

奥德斯切尔德
德库格
登海尔德
梅登布利克
阿尔克马尔
霍恩
赞瑟斯汉斯
沃伦丹
阿姆斯特丹
马尔肯

起点：阿姆斯特丹

终点：阿姆斯特丹

全程：223 千米

时间：7 天（可根据需求增加行程）

难度：易

住宿：农场、民宿、酒店

第 232—233 页图：赞瑟斯汉斯运河附近有一处经典的郁金香和风车景观。当地风车数量曾一度达到 700 座，这个村还曾造船和生产木料。

生态理由：这条小道穿过充满自然气息的平原地区，这里很容易看到野鹅、野鸭、马、山羊和正在吃草的奶牛。此外，部分小道还配备了太阳能电池板，提供清洁的可再生能源！

前往时间：建议在春季前往，此时气候宜人，百花齐放。

前往方式：抵达阿姆斯特丹国际机场，即到达本次旅行路线的起点。

携带行李：也可以租电动自行车。荷兰天气多变，经常下雨，最好带上速干骑行服和防水鞋套。还要带上头盔、太阳镜、手机、头灯、急救箱、水壶、垃圾袋、电源适配器、手套、骑行裤、气筒和气针等维修装备、地图、防水背包、指南针、自行车锁。

第 1 天：阿姆斯特丹—赞瑟斯汉斯

小道起于阿姆斯特丹，在开始骑行之前值得在阿姆斯特丹一游。然后从许多北上小道中选其中一条到达赞瑟斯汉斯。这座村庄位于赞河畔，以风车（这里曾经有 700 多座风车）和 17 世纪典型的荷兰木屋和建筑而闻名，让人仿佛置身于童话世界。您将在这里度过一个美妙的夜晚。

第 2 天：赞瑟斯汉斯—阿尔克马尔

过赞瑟斯汉斯后，您会在一条铺有太阳能电池板的自行车道上骑行 1.6 千米，这条太阳能路能够产生清洁的电力。在从沃默维尔到克洛梅尼的这一小段路程中，晶体硅太阳能电池安装在混凝土上，表面覆盖了一层钢化玻璃。然后继续骑行到达阿尔克马尔。

生态小贴士

应当时刻尊重自然，不要采摘、燃烧、践踏或破坏大自然。旅行中，沿着标识清晰的小道骑行，不要偏离小道另辟蹊径。一路上收集好自己制造的垃圾，并送到指定位置进行处理。

实用网址

holland.com/global
npduinenvantexel.nl
ecomare.nl

第 3 天：阿尔克马尔—登海尔德

早上，离开阿尔克马尔前往北海。一路骑行穿过科迪克，继续前行一直到海边的佩敦，然后直到卡兰斯托格。不远处是赫特茨瓦纳沃特自然保护区，您可以看到许多的琵鹭、大白鹭和大片的兰花。继续前行，到达登海尔德，晚上在此过夜。

第 4 天：登海尔德—梅登布利克

离开登海尔德，沿着一条小路穿过耕地。在这座城市的南部，您会看到世界上最大的鳞茎植物产地。在范伊维克斯路易斯旁，您沿着河岸向西地骑行，右侧是阿姆斯特湖盆地。向左转到威林格韦尔夫须德，然后继续骑行到梅登布利克，在那里吃晚饭并过夜。

第 5 天：梅登布利克—霍恩

骑上自行车向爱塞尔湖畔的渔村恩克赫伊曾前行。除了老城区，您还应该看看须德海的露天博物馆，它讲述了这个独特地区的历史和文化。这条小道路一直延伸到霍恩。晚上在霍恩过夜。

第 6 天：霍恩—沃伦丹

早晨，从霍恩出发，沿着海岸一路向南骑行，首先到达夏尔丹，接着到达沃尔登，最后到达以其奶酪闻名的埃丹。这里距离今天行程的终点沃伦丹大约还有 3 千米。沃伦丹是一个渔村，家家户户门前挂着传统木屐，运河之间有吊桥相连，是狭窄的小巷。

第 7 天：沃伦丹—阿姆斯特丹

沿着小道离开沃伦丹，穿行在大自然之间，返回阿姆斯特丹，骑行之旅到此结束。

备选方案 1：

第 4 天：登海尔德—奥德斯切尔德（特塞尔岛）—德库格

今天从马尔斯迪普乘坐轮渡，半小时后到达特塞尔岛西南部的奥德斯切尔德。然后骑上自行车去目的地西海岸的海边度假胜地德库格，这里有北海长滩。从这里，您可以到达特塞尔岛和生态马雷沙丘国家公园，这里有一座水族馆和一座博物馆。此行绕道 18 千米。

第 5 天：德库格—奥德斯切尔德

今天您可以在白色的沙滩和沙丘间骑行，探索岛屿南部风景

优美的蒂耶瑟路线。在这条路线上骑行 18 千米后回到奥德斯切尔德，结束一天行程。第 2 天再从这里乘坐轮渡返回登海尔德。

备选方案 2：

第 7 天：沃伦丹—马尔肯

从沃伦丹乘坐轮渡，半小时到达马尔肯，这是一座梦幻小渔村，村里有传统的五颜六色的房子。晚上在此过夜。此行绕道大约多骑行 38 千米。

第 8 天：马尔肯—阿姆斯特丹

第 2 天早晨，从马尔肯出发，穿过湖泊、运河星罗棋布的水地地区。此行绕道多骑行 21 千米。最后到达阿姆斯特丹，结束行程。

第 234 页左图： 梅登布利克建于 12 世纪的拉德宝德城堡。如今，这座城堡归国家所有，可以参观。它对中世纪日常生活进行各种重建再现。

第 234 页右图： 霍恩古城，被称为"爱塞尔湖明珠"，是荷兰东印度公司的重要中心，17 世纪曾非常富裕。

第 235 页左图： 沃伦丹是一个小村庄，也是马尔克湖上的一个渔港，在迪克和杜尔霍夫老区有许多如迷宫般的狭窄街道有待探索。

第 235 页右图： 马尔肯自 1957 年以来就成为一个半岛，在马尔肯附近，沿着小道骑行，穿过有着无数湖泊和运河的"水地"地区。

康斯坦斯湖骑行道

第 236—237 页图：施泰因是康斯坦斯湖畔一座令人愉快的小镇。小镇特色是油漆外墙半木制房屋和古老的教堂。

第 237 页图：位于赖兴瑙岛上的圣玛丽和圣马克教堂。赖兴瑙岛以蔬菜生产和葡萄园闻名，岛屿附近有一个自然保护区。

博登湖—拉德韦格是环欧洲第三大湖泊康斯坦斯湖的一条标识清晰的自行车道，长270千米。沿着这条道顺时针骑行，适合所有人，也适合有个性化需求的人，这是一段没有挑战的愉快旅行，推荐给骑行新手或想在大自然中骑行度假的家庭。

远离车水马龙，这条以平路为主的小道起止于康斯坦斯，沿着湖岸，经过3个国家（德国、奥地利和瑞士），风光迷人。湖周边的山丘上满是葡萄园，夏天有柠檬树林和盛开着九重葛的花园，颇有些典型的地中海风情。骑行者可以租自行车。

起点: 康斯坦斯

终点: 康斯坦斯

全程: 270 千米

时间: 6 天

难度: 易 / 中

住宿: 民宿、酒店、客栈

于柏林根

弗里德里希港

下湖

康斯坦斯

施泰因

阿尔邦

布雷根茨

- 第 1 天
- 第 2 天
- 第 3 天
- 第 4 天
- 第 5 天
- 第 6 天

生态理由: 康斯坦斯湖的自然美景十分惹眼,从湖四周原生态的景观到山丘上星星点点的有机作物,再到可供 500 万人饮用的优质水源,无不让人惊叹。

生态小贴士

您可乘坐太阳能双体船在湖面上静静地滑行，这种船对水体没有任何污染，多年来，无数游客登船游览，湖面游览时长为50分钟。德国铁路设施齐全，组织有序，自行车可通过铁路运输。

实用网址

germany.travel/en
bodensee.eu/en
https://www.cycling-lake-constance.com/lake-constance
https://www.bodensee.eu/en/what-to-experience/
travelling-around-lake-constance/tour-suggestions/
lake-constance-bike-route_tourroute594

第238页图：康斯坦斯湖周边种了各种各样的庄稼。

第239页上图：恩特鲁丁根小镇康斯坦斯湖边的吊脚楼。露天博物馆是欧洲最古老的博物馆之一，其展示了3000年前渔民、农民和商人的生活。

第239页下图：马瑙岛有德国最大的蝴蝶馆和一些主题花园，其中包括一个杜鹃花坡、一个意大利玫瑰园、一个大丽花花园和一条霍滕西亚小道。

第1天：康斯坦斯—施泰因

旅程从康斯坦斯开始，沿着一条环下湖的环形小道骑行。在第一段行程中，穿过沃马廷格里德自然保护区，到达联合国教科文组织认定的世界遗产地赖兴瑙岛。赖兴瑙岛通过一座桥与大陆相连，以其修道院、有机农场和葡萄园而闻名，而其农场和葡萄园的高品质缘于气候。沿着下湖一路骑行到达荷里半岛，作家赫尔曼·黑塞和画家奥托·迪克斯曾在这里住过一段时间。随后，自行车道沿着瑞士湖岸延伸到施泰因，这是一个中世纪的小村庄，有半木质房屋和油漆外墙，坐落在湖泊流入莱茵河的入口处。

第2天：施泰因—于柏林根

这一段行程是沿着上湖的西北部的于柏林根湖骑行。早晨，从施泰因出发，返回康斯坦斯，向马瑙岛骑行。马瑙岛有许多美丽的花园可以参观。4月，番红花、水仙、郁金香、山茶花和木兰等各种花卉百花齐放，争奇斗艳。花海一

直持续到年底。岛上还有蝴蝶馆和热带植物温室，其中蝴蝶馆里的品种约有 120 种，欧洲最重要的兰花展在热带植物温室举办。从马瑙岛返回大陆，继续骑行，一路经过沃豪森、波德曼－卢德威格港和西普林根，最后到达于柏林根，晚上在此过夜。这里矗立着康斯坦斯湖上最大的哥特式大教堂。

第 3 天：于柏林根—弗里德里希港

从于柏林根出发，一路骑行，穿过风景如画的葡萄园来到弗里德里希港，沿途是比尔瑙的巴洛克教堂，这是教徒朝圣的目的地。来到乌赫辛根，这里湖边有山寨吊脚楼。随后来到一座古村梅尔斯堡。接着经过以葡萄酒闻名的哈格瑙和伊门斯塔德到达今天的目的地——弗里德里希港。20 世纪中期，齐柏林飞艇就是在这里建造的，这一历程在齐柏林飞艇博物馆中有记录。

第 4 天：弗里德里希港—布雷根茨

今天，您继续向克雷斯布隆骑行，上午到达林道的巴法里安镇，该镇坐落在一座同名的小岛上，岛与大陆之间有两座桥相连，位于德国和奥地利边境。这是一个优雅、充满活力的小镇，有五颜六色的房子。穿过奥地利边境，到达布雷根茨，这是另一个位于群山和湖泊之间的著名旅游目的地，也是一个重要的文化中心。晚上在此过夜。

第 5 天：布雷根茨—阿尔邦

从布雷根茨出发，穿过位于奥地利和瑞士之间的莱茵河三角洲的一个重要自然保护区。在哈德，莱茵河汇入康斯坦斯湖之前，跨过莱恩河上的一座桥。在盖绍越过边境，回到瑞士这边的湖岸。艺术家、建筑师、环保主义者弗里登斯赖什·洪德尔特瓦瑟在阿尔滕海因建造了一座室内市场。离开这座城市，接着参观罗夏什、斯坦纳赫和阿尔邦。阿尔邦是今天行程的终点。

第 6 天：阿尔邦—康斯坦斯

最后一天，经过许多传统的半木制房屋的村庄到达罗曼肖恩地区。罗曼肖恩拥有瑞士境内最重要的港口，从市中心出发，沿着湖骑行到达克罗伊茨林根，然后跨过瑞士和德国边境到达康斯坦斯。难忘的自行车之旅到此结束。

旅行小贴士

前往时间： 最佳时间是百花盛开的春天。

前往方式： 最近的机场在苏黎世，然后从苏黎世乘坐 1 小时火车前往约 70 千米外的康斯坦斯。

携带行李： 自行车到当地租。建议使用装备齐全的公路自行车。在正确的车道上骑行，否则会被罚款，罚款金额相当高。建议带一个鞍囊或背包，会很实用。另外，还建议带上头盔、眼镜、手机、头灯、急救箱、水壶、垃圾袋、手套、骑行短裤、打气筒、气针、地图和指南针。

陶恩骑行道

起点： 克里姆尔
终点： 帕绍
全程： 310 千米
时间： 5 天（如果在途中有些地点过夜的话，行程就会变成 8 天）
难度： 易，偶有困难路段
住宿： 自行车酒店

第 240 页图： 在通往克里姆尔的道路上骑行的游客。在自行车骑行中，轻便背包和头盔必不可少。

第 241 页图： 奥地利的克里姆尔瀑布是中欧最高的瀑布，落差 380 米。这是平茨高山中段的克里姆尔瀑布。

奥地利位于欧洲的心脏地带，拥有丰富的传统、艺术，以及国家荣光的历史见证、巴洛克风格的城市和高山景观。为了保护自然遗产，该国鼓励可持续发展，使用可再生能源的环保旅游建筑和宿营地，以及采用节能型生态酒店和温泉。提倡和鼓励市民及游客使用公共交通，将他们的汽车停放在停车场（通常在地下），尤其鼓励骑车出行。事实上，奥地利吸引着来自世界各地的自行车骑行爱好者，这不仅是因为它美丽的风景、或多或少具有挑战性的自行车道和当地人的热情好客，还因为它尊重自然的基础设施设计。

陶恩自行车道起始于克里姆尔瀑布，止于德国的帕绍（三河之城），与多瑙河自行车道汇合。它是欧洲最壮观的自行车道之一，沿途有公园、峡谷、瀑布、村庄和美丽的萨尔茨堡小镇。这条车道容易骑行，途中只有几座小山。

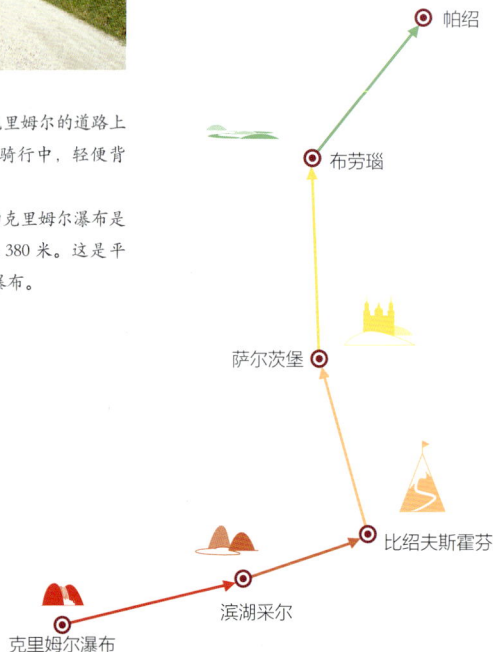

帕绍 / 布劳瑙 / 萨尔茨堡 / 比绍夫斯霍芬 / 滨湖采尔 / 克里姆尔瀑布

第1天 第2天 第3天 第4天 第5天

生态理由： 陶恩自行车道沿着专用路线运行，车辆很少，通常被树林和山谷环绕，是生态旅行爱好者的真正天堂。骑行者在未被破坏的环境中骑行，享受环境可持续发展的旅游，对土地没有过多影响。

第1天：克里姆尔一卡普鲁恩（滨湖采尔）

　　起点是萨尔茨堡地区的高地陶恩国家公园的克里姆尔瀑布。这是奥地利最高的瀑布，其力量惊人。在附近的基茨比厄尔阿尔卑斯山中有萨尔扎克河的源头，它伴随骑行者一路到萨尔茨堡。从克里姆尔一直向沃尔德尔克里姆尔骑行，然后沿着铁路到达罗森塔尔，

这是一个小村庄，从这里您可以欣赏到大韦内迪格峰上的冰川。继续前行，到达下苏尔茨巴赫瀑布，经过上苏尔茨巴赫塔尔山谷风景如画的牧场。过了大韦内迪格山麓诺伊基兴之后，来到维尔德科格尔山麓布兰贝格，这里有一座当地文化博物馆。

　　这条小道沿途有许多有趣的景点，其中包

前往时间： 最佳前往时间是5月至10月，此段时间万物苏醒，美到极致。而且，一年中这段时间的天气总体不错。

前往方式： 因斯布鲁克及其机场是那些想要到达100千米外的克里姆尔的人的出发地。或者，可以从因斯布鲁克乘火车到齐勒河谷阿绍，然后再驱车45千米到克里姆尔。

携带行李： 自行车头盔(12岁以下人士必须随时戴头盔)、车篮、太阳镜、头灯、急救箱、水壶、手套、骑行裤、泳衣、反光背心(在隧道及天黑后有用)、护腿、自行车打气筒、气针、防水背包、地图、指南针、舒适的防水服。

括米尔巴赫、多夫、平茨高谷地霍勒尔斯巴赫、米特尔西尔、乌滕多夫等。到达滨湖采尔，卡普鲁恩镇是过夜的理想之地。在这里，您可以沿着绕湖自行车道骑行，或可以在其清澈的湖水中游泳。

第242—243页图： 采尔湖，湖的周围有一条自行车道。冬季，湖面结冰，可以在湖上进行冬季运动；夏季，可以在这里进行赛艇等活动。

第243页上图： 一条下到采尔湖的发夹形弯道，这里水质持续受到监测，像奥地利其他湖泊一样，其水质达到饮用水标准。

第243页下图： 采尔湖中的另一处清晨美景。滨湖采尔小镇是有名的疗养胜地，该湖由此得名。

第2天：卡普鲁恩（滨湖采尔）—比绍夫斯霍芬

今天，从滨湖采尔出发向布鲁克村骑行，布鲁克村有一条小道通往奥地利最高峰格洛克纳山。经过尼德霍夫、圣乔治、佩尔兹尔，来到塔森巴赫。沿着萨尔扎赫河到嫩德，然后向庞高什瓦扎赫骑行。从这里继续向庞高圣约翰前行，在这里可以游览列支敦士登克拉姆峡谷。这一段行程到比绍夫斯霍芬镇结束，这个小镇以其夏季和冬季运动而闻名。

第3天：比绍夫斯霍芬—萨尔茨堡

第3天，离开比绍夫斯霍芬，向北骑行到韦尔芬。这是一座历史名镇，镇上有建于11世纪的城堡，人们经常在这里举行猎鹰活动。沿着小道继续骑行，经过萨尔扎赫河峡谷形成的地方滕项。在这个地区，可以参观冰巨人世界，这是一个巨大的冰洞，延伸42千米，是世界上最大的冰洞之一。要到达这里，必须乘坐缆车。从滕项开始下坡向戈林骑行，在这里可以远足去布兰涛塔尔山谷或戈林格瀑布。下一站是哈莱恩，它因为早年的凯尔特人在这里提取岩盐而闻名。盐矿如今成为一座博物馆，从一层到另一层用的是滑梯，这让参观变得更加有趣。

接下来去萨尔茨堡。萨尔茨堡是莫扎特的出生地，现在是联合国教科文组织认定的世界遗产。对于那些希望在此停留几天的人来说，这里值得一游。

第4天：萨尔茨堡—布劳瑙

从萨尔茨堡出发，顺着萨尔扎赫河向北骑行，萨尔扎赫河

◤ **生态小贴士**

骑行"发烧友"可以依赖庞大的酒店和标有"床及自行车"标志的旅店网络解决住宿问题。在旅行途中，有必要带上垃圾袋，避免沿途乱扔垃圾。出于尊重和安全考虑，奥地利禁止在人行道上骑车。

实用网址

www.tauernradweg.at
www.austria.info/en
www.nationalpark.at/en
www.europareservat.de
www.bettundbike.de

汇入因河，两河形成了德国边界。

　　沿着小道来到上多夫，然后继续前行，来到伊恩河畔的哥特式城市布劳瑙，这里与欧洲最大河流保护区之一的下因河欧洲自然保护区接壤，可骑行探索。在这里，您可以看到海狸、候鸟，以及包括海雕在内的各种雕。

第 5 天：布劳瑙—帕绍

　　第 2 天早上，经过巴洛克风格的小镇舍尔丁。舍尔丁是与布劳瑙和哈莱恩齐名的"历史小镇"，有特殊的保护标准，前往参观这些地方真的很特别。接着越过边境来到德国的帕绍，这座城市有 3 条河流：多瑙河、伊恩河和伊尔兹河。这里就是陶恩自行车道的终点。

第 244 页上图和左下图：戈林格瀑布（也称"什瓦尔兹巴赫瀑布"）是奥地利最美丽的瀑布之一，位于萨尔茨堡地区戈林镇。

第 244 页右下图：在骑行终点帕绍沿着河边自行车道骑行的一位骑行者。

第 245 页图：戈林格瀑布上一座废弃的木制水磨坊。

从南特到拉罗谢尔

　　沿着大西洋海岸从布列塔尼到巴斯克海岸，维洛迪塞之行是一次令人振奋的自行车骑行，沿途原生态的风景美丽而充满生机。这条路线是响应法国自行车骑行道和绿道计划而开发的，是欧洲自行车路线网络欧洲长距离自行车路径（EuroVelo，连接欧洲各国的 15 条自行车路线之一）的组成部分。这是法国最长的自行车道，这个雄心勃勃的合作项目让地方政府和旅游委员会共同携手促进可持续交通发展。

　　从罗斯科夫（在英吉利海峡沿岸）到汉达耶 – 奥莱奇（在西班牙边境上），骑行游客有许多选择，他们可以分 38 段走完全程，共 1200 千米，也可选其中部分路段骑行。

　　在路线的各个路段中，连接南特和拉罗谢尔的那一段因其风景和自然景色而特别有趣。向南骑行会体验到沙湾、参差不齐的海岸、小海滨胜地、沼泽区、树林、盐滩、渔村和牡蛎养殖场等各种不同的景观。

圣布勒万莱潘　　南特
波尔尼克　　勒佩勒兰
宝因
拉巴尔勒勒德蒙特 /
弗罗芒蒂讷　　圣吉莱斯 – 克鲁瓦德维耶
勒斯萨布勒斯迪奥龙
马朗
滨海拉特朗舍
拉罗谢尔

● 第 1 天　● 第 6 天
● 第 2 天　● 第 7 天
● 第 3 天　● 第 8 天
● 第 4 天　● 第 9 天
● 第 5 天　● 第 10 天

第 246 页上图：夕阳洒在法国潘博厄的港口、沙滩和色彩明亮的房屋上。

第 246 页下图："蓝色路线"穿过横跨在卢瓦尔河上的一座桥，连接着北岸的圣纳泽尔和南岸的圣布勒万莱潘。

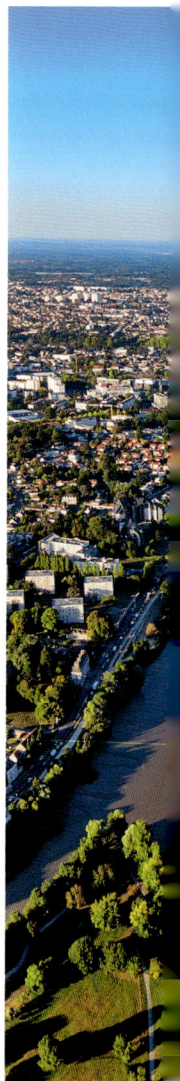

起点：南特
终点：拉罗谢尔
全程：358 千米
时间：10 天
难度：易／中
住宿：酒店、营地、小屋、民宿、骑行者青年旅馆

第 246—247 页图：空中俯瞰卢瓦尔河畔的南特。这座城市优雅而活泼，因其运河和岛屿而被称为"西部威尼斯"。

生态理由：所推荐的旅行路线对那些喜欢可持续、零影响的旅行者而言，可谓理想之选。该路线是法国最长自行车道维洛迪塞骑行的一部分，是一条沿着大西洋而行、充满活力的原生态道路。这条路线中70%的路段是没有车辆的道路和绿荫大道，这是该项目的生态可持续性的有力证明。

前往时间： 全年气温舒适，冬季降雨较多。

前往方式： 抵达南特机场或火车站，骑行路线即从南特开始。

携带行李： 头盔、骑行眼镜、手机、头灯、急救箱、水壶、垃圾袋、骑行手套、骑行短裤、雨衣、气筒、气针、地图、防水背包、指南针、应季休闲服装。

第 1 天：南特—勒佩勒兰

建议在骑行前先游览一下南特。在城市骑行时必须十分小心，因为城市交通比较拥堵，而且骑行车道标识不太明显。沿着欧洲自行车路线网 1 的标识骑行，然后进入骑行专道，这一段与卢瓦尔河谷骑行道重合，道路两旁有当代艺术作品。到达卢瓦尔河畔的勒佩勒兰，在此宿营过夜。

第 2 天：勒佩勒兰—圣布勒万莱潘

这一段穿过沿海地区，其中包括卢瓦尔河的最后一段，还有沼泽、农田和马提尼埃运河。再往前骑行不远就到达港口城市潘姆博夫。这是卢瓦尔河谷骑行道的最后一段，随后开始沿海岸一段新的维洛迪塞骑行道骑行，不时有潮水涌上来。来到

卢瓦尔河河口，这里弥漫着一种全新的海洋气氛。在圣布勒万莱潘停下来过夜，这里是前往黑海的欧洲自行车路线网 E6 号路线的起点。

第 3 天：圣布勒万莱潘—波尔尼克

在这段行程中，您只需沿着两侧满是圣布勒万松树的广阔沙滩骑行几千米，就来到迷人的波尔尼克海湾，海湾里有星星点点的渔场。波尔尼克是一个海滨度假胜地，有一座建于 14 世纪的城堡，还有迷宫般的街道和小巷。注意，夏季这里的交通会很拥堵。

第 4 天：波尔尼克—宝因

在大西洋卢瓦尔地区的最后一段行程从

波尔尼克开始。在拉贝尔纳里耶，您可尝试在水边钓鱼，这是当地比较盛行的一种活动。接近勒斯茅蒂尔斯雷茨时，您可看到海滩被许多木杆划分成一片片的。这里是一片养鱼场海洋景观。骑行车道一直延伸到博格纽夫湾，这里有许多牡蛎养殖场，是一片牡蛎之乡。再往前骑行一小段距离，就到达了宝因，晚上在此过夜。

第 5 天：宝因—拉巴尔勒德蒙特 / 弗罗芒蒂讷

博格纽夫湾的最后一段通往贝克港。晚上您就近在拉巴尔勒德蒙特 / 弗罗芒蒂讷旁边的平房营地过夜。

第 6 天：拉巴尔勒德蒙特 / 弗罗芒蒂讷—圣吉莱斯 – 克鲁瓦德维耶

继续沿着骑行小道向前行进，骑行 18 千米穿过佩斯山森林，然后到达一片丘陵，最后到达大西洋边辽阔的圣热昂德蒙特海滩。小道通往圣吉莱斯 – 克鲁瓦德维耶，然后到达旺代湾及其著名的滨海西翁岩。晚上在此过夜。

第 7 天：圣吉莱斯 – 克鲁瓦德维耶—勒斯萨布勒斯迪奥龙

圣吉莱斯 – 克鲁瓦德维耶以其蓝鱼、沙丁鱼和鲭鱼而闻名，是一个著名的海滨度假胜地，您可以停下来散散步。这条小道继续通向滨海布莱提尼奥勒斯和滨海布莱姆。小道沿着阿伏赛特路蜿蜒穿过奥龙森林和古盐沼。这些古盐沼介于布莱姆、奥龙岛、滨海奥龙和勒斯萨布勒斯迪奥龙之间。勒斯萨布勒斯迪奥龙是一个世界闻名的帆船度假胜地，也是您今天行程的目的地。

第 248 页左图：波尔尼克渔民的高脚屋。海边度假胜地因其海滩和骑行及徒步小道而颇受欢迎。这里的风景有海，也有草地。

第 248 页右图：滨海布莱提尼奥勒斯和圣吉莱斯 – 克鲁瓦德维耶之间的海岸。滨海布莱提尼奥勒斯沙滩附近有冲浪、帆船、风筝冲浪等许多运动项目，这里还有绿色的乡村。

第 249 页图：滨海奥龙盐沼间的徒步和骑行小道。

第 8 天：勒斯萨布勒斯迪奥龙—滨海拉特朗舍

从勒斯萨布勒斯迪奥龙向南骑行，建议您在佩雷河口停下，在盐沼上散散步，然后享用伊拉乌德港和拉吉蒂雷港的牡蛎。过了圣维森特，有维洛迪塞骑行小道穿过滨海朗格维尔大森林，这座大森林有两处接近海边，您可以很容易地到达一些美丽的海滩，比如海螺海滩。晚上您在滨海拉特朗舍停下来宿营。

第 9 天：滨海拉特朗舍—马朗

这段维洛迪塞行程跨过增贝勒亨利特潟湖，潟湖与海之间被一条窄窄的沙带隔开。随后来到一直延伸至阿塞伊角的滨海拉福特。接着路线开始通往圣米歇尔恩赫尔姆，途中经过普瓦图沼泽公园，这里有一大片沼泽及星星点点的农场和马厩。这占地面积 1000 平方千米的独特多种生物群落中有一条错综复杂的运河，古老的树木和欧洲水獭与至少 250 种鸟类、38 种鱼类、60 种蜻蜓、80 种蝴蝶以及 126 种珍稀植物共享这一生态系统。从布劳尔特角跨过塞弗尔尼奥泰兹河，沿着马朗运河前行。

生态小贴士

为了更接近大自然，您可以睡在佩切里佩尔奇（一种高脚屋，现在变成了小木屋，人们可以在这里用钓竿和钓线来钓鱼）里，也可以住在森林里的一种叫"卡巴迪安里"的小木屋里。

实用网址
us.france.fr/en
cycling-lavelodyssee.com

马朗，曾经是一个非常重要的哨口。您可以在晚饭前去参观。

第 10 天：马朗—拉罗谢尔

过了马朗，沿着马朗到拉罗谢尔之间的绿道骑行，这条绿道依运河而建，为行人和骑行者使用（滨海栋皮埃尔的一个小十字路口处除外）。骑行小道让您可以很容易地到达行程终点——老海港拉罗谢尔。一定要去参观拉罗谢尔的老港口，它是这座城市的骄傲。老城的街道两旁排列着文艺复兴时期的住宅和古老的半木结构房屋。整个骑行行程到此圆满结束。

第 250—251 页图：波尔尼克港及城堡。建于 13 世纪，如今是文化艺术中心，全年都组织文艺演出和展览。

第 251 页上图：介于滨海夏朗德省与旺代省之间的普瓦图沼泽公园，其景观有沙滩、沙丘、树林、悬崖和"绿色威尼斯"等让人流连忘返。您可以步行、骑行、乘船或划独木舟去探索它。

第 251 页下图：拉罗谢尔属于滨海夏朗德，享有独特的微气候。由于沙滩的沙质好，海湾漂亮，其海边风景区都非常受欢迎。

起点： 佩德拉尔巴

终点： 七泉

全程： 40 千米

时间： 2 天

难度： 中

住宿： 酒店

第 252—253 页图：从克鲁茨瞭望台看到的丘利拉山村。丘利拉是非常受欢迎的世界旅行目的地，也倍受攀岩者欢迎。

生态理由：这条路线能够让您发现自然遗产之美和村庄、场所的传统的人文之美。

图里亚—七泉自然之路

西班牙是一个多姿多彩的国家。这里有人类史前的定居地、罗马和伊斯兰遗迹、帝国的黄金时代和殖民地，都是令人印象深刻的遗产，吸引着众多游客。在西班牙这个联合国教科文组织认定的生物圈保护区最多的国家，其农业、渔业和食品部启动了"自然之路"项目，旨在促进和完善现有的徒步小道建设。事实上，这种完善有助于农村地区的可持续发展，完善方法有重新利用废弃的旧交通基础设施、牛道、铁路、小道和传统道路及开辟新道路等。

位于瓦伦西亚省的图里亚—七泉自然之路，是图里亚 - 卡布里尔小道的第一段。它跨越了四个自然保护区，其中一个是联合国教科文组织认定的世界遗产，属于伊比利亚半岛地中海盆地岩石艺术系列的一部分。这条路有几段特别难行，在那些路段您必须下车步行。该地区的灌溉系统创建于古代，至今仍在发挥作用，它为柑橘的丰产和景观的苍翠做出了贡献。

这条小路一路绿色，阳光明媚，到处都是壮观的景观。它从图里亚的橘园开始，穿过群山，到橄榄园和葡萄园中结束。

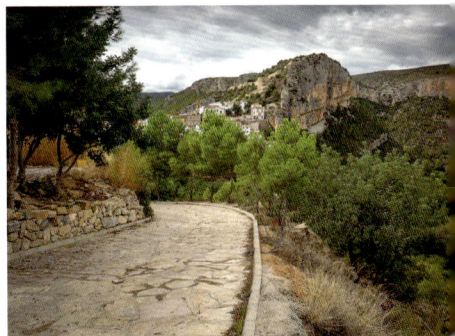

盖斯塔尔加尔 🐂 佩德拉尔巴

七泉

🚴 ● 第 1 天
　　● 第 2 天

第 253 页图：丘利拉山村的一条街道。背景是著名的攀岩悬崖。

前往时间：全年都可前往，不过，最好避开 7 月、8 月，这时天气炎热，且游客众多。

前往方式：最近的机场是瓦伦西亚机场。佩德拉尔巴距离机场约 40 千米，可租车或乘坐出租车前往。

携带行李：可在当地租自行车。需要自行携带头盔、骑行眼镜、手机、头灯、急救箱、水壶、食物、垃圾袋、手套、骑行裤、护腿、气筒、气针、地图、防水背包、指南针、自行车锁。

第 1 天：佩德拉尔巴—盖斯塔尔加尔

这段骑行从图里亚自然公园里佩德拉尔巴城市边缘出发。这条小道顺着柑橘园间一条铺好的道路蜿蜒，这里曾经是农田，现在成了居民区。穿过奇法峡谷和用于牛群迁徙的卡斯蒂拉牧道，经过牧区，随后路面变成了土路，来到上图里亚和内格里特山脉的鸟类特别保护区。继续骑行，来到拉穆埃拉休息区，从这里开始，您将面临坑洼起伏的道路的考验。继续前行，您会看到一个保存完好的蓄水池，它曾经是牛和马的饮水场所。不久，您就会看到从前的牛棚巴尔萨畜栏，随后来到丘利拉的

切斯特牧道路口。这是牛群在昆卡山牧场与加法兰布雷山牧场及越冬区瓦伦西亚海边山脉之间短途迁徙的牧道。从此地绕道 110 米来到另一个牛棚卡尔宗斯畜栏，这个畜栏曾经为在田地里劳作的农民过夜提供临时住处。在晴朗的日子里，瓦伦西亚和地中海的景色尽收眼底。沿着一条小路向上骑行，您会看到一个狩猎社团的建筑，不久就来到布加拉牧道上，这条牧道连接着切斯特和丘利拉。大约 10 千米之后，您会来到一条穿过一小片阿勒颇松树林的小道。

然后您会经过几幢被田野包围着的房子，之后来到自然之路和 CV-379 路的交叉口。这段路对骑行者而言有难度。一路上要小心骑行，直到看到一片有葡萄园和橄榄园的村舍。再向前骑行一段，您会看到卡里塞罗畜栏，这是一座老旧建筑，经过多次修缮，依然还在用于养牛。继续骑行来到阿尔托卡佐勒塔休息区。这一段路程的技术难度比前一段更大，建议您下车步行。这种崎岖的山路直到另一个有着惊艳风景的休息区才

▶ 生态小贴士

请让您所到之处保持原状。这是西班牙农业、渔业和食品部向所有游客发出的呼吁。保护这些路线及沿途景观部分取决于游客负责任的行为。

实用网址
spain.info/en
parcdelturia.es/actividades/
camino-natural-turia-cabriel

结束。这条路线穿过戈德尔莱塔的盖斯塔尔加尔牧道，这是连接松林里的马斯牧道与沿海山脉的一条羊道。随后来到卡拉斯基拉斯乌姆布里亚小型保护区，从这里开始自然之路开始下坡，直到盖斯塔尔加尔，您将在此过夜。

第 2 天：盖斯塔尔加尔—七泉

在盖斯塔尔加尔和丘利拉之间的半道上，小道与丘利拉的一条羊道奇法牧道交会。这里的植被主要是橡树林及树林中的迷迭香灌木丛。自然之路沿途不断有各种畜牧业的基础设施，比如梅迪纳塔畜栏，它现在被用作住宿。在这里您可以看到葡萄园、橄榄园和杏仁园。然后进入奇法山市政自然公园，小道在这公园里延伸几千米。奇法镇和七泉镇的边界附近有一个休息区，高大的松树下有宜人的树荫，这条骑行小道沿途很少有这种树荫。随后，

小道与另一条牧道特耶拉阿扎加多尔交会。继续骑行不到 1.6 千米，一路上有几次绕道。第一次绕道是骑行大约 350 米后来到一个被称为"水车"的水利建筑处，这是河上的一个轮子，在水流的作用下进行抽水灌溉。第二次是绕行大约 200 米来到拉瓦莱萨休闲区，这里有一片空地，空地前有一棵杨树和一个喷泉。空地上有石头和木桌、自行车桩及烧烤架，此地是为让骑行者和徒步者们歇脚补充能量而设计的。

在返回自然之路的途中，您到达长 3 千米的第三条路上，这条路深入橡树林。这并不是一条骑行道，骑行者必须利用从拉瓦莱萨休闲区到七泉附近的一条铺设好的小道，这样才能得以回到骑行道上。在 37 千米处，您会看到一棵壮观的阿勒颇松树，从这里开始下坡。过了佩尼亚鲁比亚后，自然之路就是一条宽阔的土路，通往七泉，前面是戈塔泉、洛卡泉和加尔班佐泉。旅行者沿着戈塔喷泉大道进入小镇中心，图里亚－卡布里尔小道的第一部分旅行在七泉附近结束。

第 254 页左图：图里亚河上的一座吊桥。这条河冲刷出了一条深深的峡谷，峡谷周围有垂直的石灰石岩壁，形成了一个壮观的山谷。

第 254 页右图：橘园和杏园是这次骑行途中最常见的自然景观。

第 255 页图：花海中的一名骑行者。这段小道十分难行。

帕伦萨纳骑行道

起点：	穆贾
终点：	波雷奇
全程：	123 千米
时间：	3 天
难度：	中
住宿：	酒店和骑行客栈

依偎在亚得里亚海东岸的克罗地亚拥有许多岛屿和岛礁，内陆地区葡萄园、林地、国家公园和风景如画的小镇随处可见。克罗地亚常常为人所熟知，并受欢迎的是其拥有迷人的海岸线和清澈的海水的海边度假区，除此之外，这个国度还有许多隐形的艺术宝藏及美味的食物和葡萄酒。

就生态可持续旅行而言，这里有一条诱人的骑行路线帕伦萨纳。这是一条跨越 3 个国家的骑行路线，其中意大利 13 千米，斯洛文尼亚 32 千米，克罗地亚 45 千米，沿着海岸穿山越林。人们曾经一度乘坐窄轨火车，从火车的窗户欣赏沿途的风景，这条铁路是奥地利君主弗朗茨·约瑟夫一世在 1902 年建造的。这条铁路是一项重大工程壮举，将意大利的里雅斯特和克罗地亚的波雷奇相连，这是奥匈帝国的点睛之笔。这条铁路有 15 个站点，于 1935 年退役。经过 21 世纪初的种种变迁，它变成了一条自行车道。

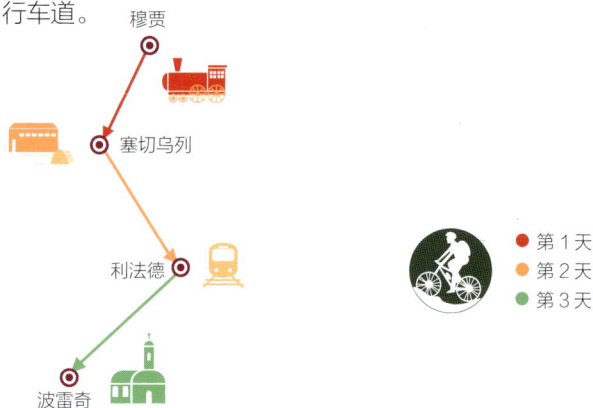

穆贾

塞切乌列

利法德

波雷奇

● 第 1 天
● 第 2 天
● 第 3 天

第 256 页上图： 塞切乌列自然公园的盐场位于地中海最北端。该公园旨在保护当地的多种生物物种。

第 256 页下图： 帕伦萨纳徒步和骑行道上的路标。这条小道从意大利开始，贯穿斯洛文尼亚和克罗地亚，沿途有各种极具吸引力的风景。

第 257 页图： 沿着帕伦萨纳骑行的山地骑行者。这条小道一直沿着窄轨铁路延伸。

生态理由： 对连接着三个国家的这虽已退役但并未废弃的铁路重新启用是推动慢旅游、尊重资源及其沿途环境的一个好办法。对废弃或弃用的设施进行修缮，以此为开端的保护自然和人造遗产是建设可持续、负责任旅游线路的一种标志。

第 1 天：穆贾—塞切乌列

骑行道从的里雅斯特附近的穆贾开始，沿着奥斯波河进入拉布埃塞。一小段上坡路后，小道转到一条老铁路轨道上。跨越斯洛文尼亚边境后，继续在一个缓坡上骑行至科菲耶。沿着D8 线骑行，穿过一片树林，来到德卡尼，这里的车站保存完好。周围都是乡村和葡萄园。过了里亚纳河，来到更加城市化的路段，穿过科詹扎托克自然保护区（这是一座河口沼泽生态区，是国家自然保护区之一），然后抵达港口城市科佩尔。从这里沿着海滨大道继续骑行到伊佐拉，随后拐进内陆道路。穿过萨勒托的第一个隧道后，您将在斯特鲁詹的一些小花园和橄榄园中穿行，直到来到卢赞山下的隧道，这是旅途中最长的一条隧道。在隧道口可以瞥见大海的美景，还可俯瞰皮兰湾中的温泉小镇波尔托罗什。小道沿着海岸线一直延伸到塞切乌列盐沼，您将在此过夜。

第 2 天：塞切乌列—利法德

这条小路穿过盐场，两边是工人的小房子，他们仍然以传

统的方式开采盐。5—6 月，许多鸟类在这里筑巢。继续穿过乡村，来到斯洛文尼亚和克罗地亚的边境，然后沿着带有"帕伦萨纳小道"标志的黄色路标行进。沿着这条路骑行到萨瓦德里贾和乌马格，然后来到与干道的交会处，在干道上骑行上一小段就可重新回到铁道上，这条铁道通往卡尔达尼亚村。在这里，您再次深入林海和田野之间，直到布耶。离开右边的小镇，经过老车站，又沿着土路来到格罗尼扬，这里被称为"艺术家之镇"，值得一游。现在下坡向米尔纳河山谷行进，经过比洛斯拉沃，取道卡尔西尼隧道到与白路的交会点，白路上坡向扎夫列延伸。继续沿着高架桥向下骑行，穿过隧道到达树林中的一块空地，这里曾经是奥帕尔塔利站所在地。骑行车道在林地和空地之间继续大幅下坡。最后，来到松露之城利法德，这里的车站保存完好。走到土路的尽头，您置身于一片房子之间，这里就是帕伦萨纳博物馆。

第 3 天：利法德—波雷奇

清晨，跨过米尔纳河上的一座桥来到一座山脚下，莫托文村在这座山上，要上到这座村庄得费些力，不过其美景值得付出努力。离开莫托文村，然后一头扎进一大片树林中。在这里可以看到美丽的米尔纳河谷和河对岸的布耶高地。再骑行几千米后来到维纳达，这里遍地都是橄榄园和农田。继续骑行，穿过红壤高原，其斜坡缓缓延伸向大海。

过了巴尔达伊村后，小道又回到洋槐森林和乡村，直到抵达老火车站的最后一站维安扬。再往前走就是诺瓦瓦斯，这里有巴雷丁洞穴，洞穴里栖息着珍稀的两栖动物洞螈，该洞穴对游客开放。小道再次穿过大路和一片林地，与铺好的道路交会。骑行几千米后到达波雷奇，这里有拜占庭时期的欧普拉西亚大教堂值得参观，这是联合国教科文组织批准的世界遗产。离海岸几米的小镇的历史中心附近就是帕伦萨纳小道的最后一站。

旅行小贴士

前往时间：5 月和 6 月、9 月和 10 月都是最佳前往时间，此时天气不太热，周边游客也不太多。

前往方式：迪里雅斯特机场和火车站距离穆贾分别有 55 千米和 15 千米。

携带行李：确保您的自行车上装有车灯，因为沿途要经过一些没有照明的隧道。需要携带的行李有：头盔、太阳镜、头灯、急救箱、水壶、垃圾袋、手套、骑行裤、护腿、气筒、气针、防水背包和指南针。

第 258 页图：在格罗尼扬，每年都有由著名国际专家举办的艺术教育、舞蹈、行为艺术及和平主义等工作坊。

第 259 页上图：米尔纳河边的科特利瀑布，旁边有一座老旧的水磨坊。乌卡和西卡里亚的雪融化或秋雨过后，这座瀑布的水流会变大。

第 259 页下图：斯洛文尼亚亚得里亚海岸是您旅行中的旅伴。您可以在这令人窒息的美景中深呼吸。

马萨诸塞州大沼泽

起点: *纽伯里波特*
终点: *纽伯里波特*
全程: 136 千米
时间: 3 天
难度: 易
住宿: 酒店

马萨诸塞州政府采取措施保护环境的传统悠久。沿途您会看到太阳能电池板和风力涡轮机,这是可再生能源利用的切实证据。酒店和餐厅正在努力减少能源和水的消耗,减少废弃物的产生,为客人和员工提供一个健康的环境。在餐饮业,当地农民和种植者参与了美味的"零距离"食品的生产。美国自然资源保护委员会最近提名波士顿为东海岸最绿色的城市。在波士顿和该州的其他许多地区,公共交通和私人交通对无车旅行者来说也很方便,而且有很多方便的自行车道。

此处所推荐的路线在大沼泽地区,这是新英格兰地区的一个咸水沼泽,从马萨诸塞州东北部的安角一直延伸到新罕布什尔州的西南海岸。它是国际上一个重要的环境保护区,有助于保护许多留鸟和候鸟。这个独特的自然生态系统群落为沿海和内陆的日常生活增加了生态、经济、休闲和文化价值。

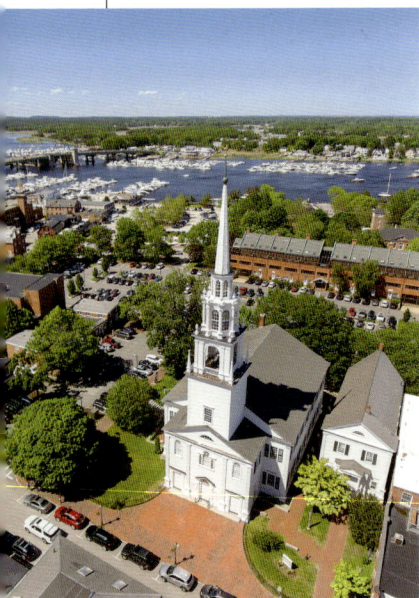

第 260 页图: *纽伯里波特老城的建筑。纽伯里波特曾是一个重要的贸易港口,是银器加工中心,其老城的建筑 200 年来变化不大。*

第 261 页图: *梅岛灯塔。这是该岛上仅存的一座灯塔,是梅里马克河狭窄入口的标志。*

纽伯里波特

帕克河国家
野生动物保护区

伊普斯威奇

● 第 1 天
● 第 2 天
● 第 3 天

生态理由: *这是一次轻松的自行车骑行之旅,穿过海滩、沙丘、泥滩、盐滩和沿海森林等各种野生动物栖息地。您可以在帕克河国家野生动物保护区观鸟,这里有 300 多种鸟类,还有哺乳动物、爬行动物、两栖动物、昆虫和稀有植物等。*

前往时间：建议春季前往，这时正是杜鹃花怒放的季节，您可以欣赏到一幅鸟语花香的景象。秋季也是一个极好的季节，这里的秋叶是世界上最壮观的景色之一。

前往方式：最近的国际机场在波士顿，然后您可从波士顿乘坐两小时火车到达纽伯里波特。

携带行李：自行车可在当地租到。需要携带的物品有：头盔、水壶、太阳镜、手机、充电器、头灯、急救箱、垃圾袋、骑行裤、手套、护腿、气筒、气针、地图、防水背包、指南针。

▶ 生态小贴士

夏天筑巢季节大多数海滩都禁止游客前往，建议在计划到访之前进行确认。旅行途中的食宿请选择那些支持环保项目的酒店和饭店。

实用网址

massvacation.com /greatmarsh.org/ www.fws.gov/refuge/parker_river

第 1 天：纽伯里波特—帕克河国家野生动物保护区—纽伯里波特

早晨从纽伯里波特出发，向约帕平原保护区骑行，第一站是梅岛，该岛以生长在海滩上的野生梅树而命名。这座屏障岛屿位于许多候鸟的迁徙路线上，也是一个热闹的筑巢点，在观鸟者和环保主义者中享有较高声誉，许多观察点都配备有双筒望远镜和摄像机。穿过沼泽和盐沼，从岛的南部进入帕克河国家野生动物保护区。这里是植物和动物的家园，有数百种鸟类在此生活。强烈建议骑行者、热爱自然者和任何寻求和平与宁静者来这里参观。在这里，您可以听到美洲红尾鸲、玫红丽唐纳雀和绿唐纳雀的歌声，有时您还能看到躺在海滩上的海豹幼崽。沿着人行道穿过沼泽、沙丘、黑松林和毛茸茸的海滩石楠花地是一个不错的主意。晚餐前回到纽伯里波特去探索这座小镇，晚上在此过夜。

第 2 天：纽伯里波特—伊普斯威奇—纽伯里波特

早餐后，启程向内陆骑行，沿途经过许多历史悠久的农场。

今天的目的地是内克城堡，这是一片占地486公顷的生态系统，有丘陵，有海滩，还有伊普斯威奇海湾和埃塞克斯海湾的壮丽风景。小道穿过遍布石楠花的丘陵和海岸森林，沿途您不时可以瞥见鹿和狐狸。到达克雷恩海滩，这是东海岸全漂亮的海滩之一。继续骑行，然后来到希尔城堡，该城堡于1998年被宣布成为一座国家历史纪念碑。这里曾是里查德 T. 克雷恩夫妇夏季避暑的山庄，其中包括一幢历史悠久的主楼建筑、21座附楼和一些地面景观等，可俯瞰伊普斯威奇海湾。继续沿着路向伊普斯威奇骑行，沿途您可在一个酒厂、农场或果园停下来买些当地特产。伊普斯威奇镇有相当数量的历史建筑。晚上返回纽伯里波特。

第3天：纽伯里波特

今天继续探索纽伯里波特周边地区，骑行穿过草地，这里栖息有大量的新英格兰食米鸟和椋鸟。在池塘和小农场旁的田间，马、牛、骆驼在吃草，您沿着田间小道悠闲地骑着自行车，享受骑行之旅的最后一天。

第262页上图： 在大西洋之滨的丘陵和海滩上骑行，置身于原生态的自然之中本身就是一种放松和享受。

第262页下图： 这片区域有长达10千米的沙滩、约1.5万平方米的水草地和丘陵，还有各种鸟类聚集于此，为观鸟者带来无限乐趣。

第263页图： 自行车可在当地租赁，不过如果是夏季到此旅行，在计划行程之前请务必确认是否允许游客前往海滩。

奥塔哥中央铁路线

起点: 克莱德
终点: 米德尔马奇
全程: 152 千米
时间: 3 天
难度: 中 / 难
住宿: 工棚

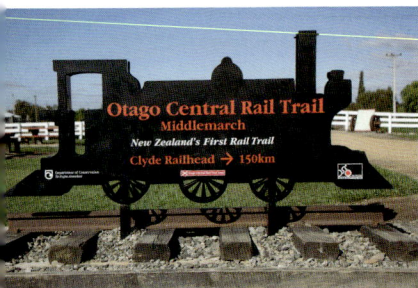

新西兰是一片十分受欢迎的绿色土地,这里仍保留着原生态的自然环境。政府机构对这片土地严加看护。新西兰一共有 13 个国家公园,占地 2.5 万平方千米,主要分布在比较荒凉的南岛上。国家环保部负责管理环境遗产,同时管理着 3000 多个陆地自然保护区和 21 个海洋保护区。总的来说,保护区覆盖 20% 以上的国土,这是一个非常发达的环境文化标志。

游览这些自然奇观是一种引人入胜、令人难忘的体验,可以通过各种方式来实现。比如,在位于南岛东南部的奥塔哥市中心骑车很容易,这是新西兰 16 个地区的中心地区之一。您可以游览迷人的风景和古老的矿业城镇,品尝美味的葡萄酒和啤酒,享用美味的水果。从克莱德到米德尔马奇,曾经用于从中部地区向海岸运输矿产的老铁路线,变成了今天的骑行车道。如今,奥塔哥中央铁路是这个国家最受欢迎的骑行路线,当然也是最有趣的。

● 第 1 天
● 第 2 天
● 第 3 天

劳德尔　奥图雷瓦

克莱德

科孔加

米德尔马奇

第 264 页上图: 克莱德村克卢萨河上的克莱德桥,这里是骑行路线的起点。如今,这座村庄因其盛产优质葡萄酒而闻名。

第 264 页下图: 米德尔马奇的奥塔哥中央铁路小道路标,这里是小道的终点。

第 265 页图: 1860 年,马努赫里基亚河是该地区淘金热的中心之一。河上有两座重要的桥,分别是马努赫里基亚 1 号桥和石头码头上的欧菲尔桥。

生态理由: 在奥塔哥地区,经济决策都会兼顾社区利益和爱护自然环境这两个方面。

前往时间： 最佳时节是南半球的春季和夏季，也就相当于北半球的秋季和冬季。

前往方式： 从皇后镇机场可乘坐大巴或租车前往距离机场80千米的克莱德。

携带行李： 头盔、骑行眼镜、手机、头灯、急救箱、水壶、垃圾袋、电源适配器、手套、骑行裤、护腿、气筒、气针、地图、防水背包、指南针。

第1天：克莱德—劳德尔—奥图雷瓦

克莱德是克卢萨河畔的一个小村庄，建于19世纪淘金热时期（至今仍保存着数量惊人的淘金时期的原始建筑）。如今，这座小村庄已成为新西兰最负盛名的葡萄酒生产中心。骑行路线从这里开始，到与8号国道和斯普林维尔路交叉处，沿着骑行小道标识骑行。此段行程中的景点之一是长109米、高9米的穆顿敦高架桥。跨过这座高架桥来到亚历山大。随后跨过马努赫里基亚3号桥来到加洛韦，沿途开满了红色的羽扇豆花。继续骑行，穿过长120米、高14米的雄伟的马努赫里基亚2号桥。从这座桥上您可以看到河水中的鳟鱼，在炎热的夏天，您也可以到河里游泳。离开马努赫里基亚河，顺着查托溪骑行。小溪的左边是柳树，右边的片岩地中飘荡着百里香的香味。您可在查托溪酒馆停下来吃午饭。穿过85号国道之后，有一个带有洗手间的问讯处，这里有下一段行程的指引。小道缓缓上升到老虎山，从那里您可以欣赏到群山美景。随后向劳德尔方向骑行，穿过马塔卡努伊山谷，到达奥马考。在铁路骑行小道附近，您可以看到牧群的鹿、羊和牛。从这里，您可以看到白雪覆盖的邓斯坦山脉和霍克顿山脉，而拉格迪山脉在路的左边。最后，来到今天行程的中间站劳德尔，这是世界上空气最干净、无污染的地方之一。劳德尔地区也因有国家水和大气研究中心而闻名，它位于城市外几千米的地方。在这里，科学家们监测气候变化并研究大气现象，如气候变化和臭氧层损耗等。在劳德尔，铁路小道与85号国道交会，让这座村庄成为骑行者和补给车辆相会的好地点。小道随后穿过长110米、高10米的雄伟的马努赫里基亚1号桥，桥下是马努赫里基亚河水。在普尔本2号隧道入口前约10米处，左手边一条小路上标识有安全线，如果您沿着这条路进行短短绕行，就会来到铁路人基地遗址，这个基地是修建穿过普尔本峡谷这段铁路时的筑路人的大本营。穿过普尔本2号隧道继续前行，这条隧道是行程中最长的一条隧道，有229米。

强烈建议在隧道中使用头灯，因为隧道中段非常黑。不久，您就会看到普尔本高架桥，这大概是铁路小道沿途最雄伟的建筑。从拉格迪山脉向下骑行途中，您可看到霍克顿山脉的壮丽风景。离开普尔本峡谷后，就来到前奥里坡车站旧址。映入眼帘的是伊达山谷，该山谷因其冬季极寒气候及谷底的雾而闻名。来到奥图雷瓦郊区，穿过伊达山谷路，您会注意到当地著名的伊达本大坝，这个地方一到冬季就热闹起来，由于冰雪覆盖，人们常常会在这里举行冰壶比赛等活动。此外，这里的泥砖历史建筑非常有趣，能唤起人们的年代记忆。小道上和伊达山谷路上都清晰地标识着一个以其发明而闻名的公司——海耶斯工程公司。晚上您在奥图雷瓦过夜。

第2天：奥图雷瓦—科孔加

在奥图雷瓦郊区的韦德尔本路上，在一块水泥碑上您会发现南纬45°线标识。在这附近，您可偏离骑行小道，沿着清晰的礁路路标去参观金矿遗迹。在崎岖岭缓缓攀升，您将再次跨过南纬45°线。在海鸥山工棚中稍作休整后，将会到达行程的最高点——海拔618米的顶峰，然后下山，轻松到达韦德尔本社区。在行进途中，您可以看到高尔夫球场，过了SH85后，

第266页上图：马努赫里基亚山谷中的耕地，远处是积雪覆盖的邓斯坦山脉。新西兰种植谷物和水果，出口苹果和奇异果。

第266页下图：在这条小道上骑行并不总是容易的，这里，一位骑行者正在骑车通过克莱德附近奥塔哥中央小道上的一段水路。

第267页图：普尔本高架桥上的骑行者。桥下是普尔本峡谷，深入奥马考和奥菲尔偏远地区7千米。在这片多岩地区，这条古老的铁路线是一个令人印象深刻的工程杰作。

生态小贴士

如果处置不当，垃圾可能带来安全隐患，还可能引起寄生虫和疾病。不要制造太多垃圾，并负责任地妥善处理垃圾。湖泊、河流、海滩和港口是许多植物、鱼类和鸟类的栖息地，不要污染这些环境，不要在水道中清洗您的设备，以防止不受欢迎的寄生虫如淡水藻类的传播。有节制地用水。遵守防火规定，生火时要小心。

实用网址

www.tourism.net.nz
www.otagocentralrailtrail.co.nz
www.aworldofdifference.co.nz/our-values
www.otagorailtrail.co.nz
www.otagorailtrail.co.nz/self-planning-guide/clyde-to-middlemarch/3-day-itinerary

就是被当地艺术家葛雷姆·希尼永久定格在画布上的经典仓库。从韦德尔本开始，一路有轻微缓缓的下坡，来到兰费尔利，由于有较平缓的下坡和微风，这一段行程显得十分轻快。小道的这段路程让您对广袤的马尼奥托托草原有了初步印象，草原四周是伊达山、崎岖岭、霍克顿山、岩柱岭及卡卡努伊山脉等几座天然山脉。这些山峰中许多在春天和冬天常常都被白雪覆盖。如遇恶劣天气，沿途有两座棚舍可以躲避。兰费尔利是新西兰著名的乡村装饰艺术中心，每年举办的装饰艺术节吸引了来自世界

各地的人们。从兰费尔利到威皮亚塔的这段小道位于马尼奥托托平原中心，辽阔的风景和苍穹给人一种宁静致远的感觉。其周围山脉包括南部的岩柱岭、西部的崎岖岭、西北部的圣巴坦山、东部的卡卡努伊山和北部的伊达山。广袤无垠的平原、冬天被雪覆盖的山脉以及马尼奥托托的苍穹反差明显，从而形成一幅尤其壮观的画面，这些山脉让黎明日出和黄昏日落的风景更加震撼。一路上，您可以在兰费尔利工棚停下来休息一下，或者查询一下当地信息。当快到威皮亚塔时，您会穿过泰耶里河附近的一条地下通道。泰耶里河是新西兰第三大河，

长 317 千米，是游泳、划皮艇出游和钓鳟鱼的理想场所。

泰耶里河铁路桥长 97 米，高 6 米，是铁路小道沿线唯一的过河点。在河畔您会发现一个免费露营地，这是小道沿途为数不多的免费露营区之一，不过这里没有自来水，而且禁止生火。在附近，您还可以看到由小道旁边的死火山平帽所形成的火山岩。从威皮亚塔出发，前往 87 号国道旁的科孔加小镇，从这里您可以进入一些工棚。科孔加的火车站和仓库已经被移走，但混凝土平台依然在。科孔加是今天行程的终点，这里风景秀丽，安宁静谧。

第3天：科孔加—米德尔马奇

铁路小道的最后一段紧邻87号国道，东面是壮观的卡卡努伊山脉。从科孔加骑行大约4千米您就可以看到雏菊岸汽车停车场，上面有清晰的停车标识，是补给车辆停车的好地方。这一段行程对现在的骑行者而言非常容易，但是对当时修建铁路线的工人们而言，这些坑坑洼洼的路是一大障碍。您可在雏菊岸宿营，这里是欣赏原生态大自然的好地方，不要生火，以免引发危险。这里有洗手间，但是没有自来水。无论怎样，即使是不打算停下来过夜的人，也可以在众多柳树中找一棵靠下来休息一下，欣赏一下附近山脉的巨大岩壁，或者在泰耶里河游泳，精神一下，千万要注意河水水位。再骑行1.6千米，就来到蒂罗伊蒂，在这里您可以住在工棚里。这里有一座信息亭，显示87号国道路线及停车场。在离信息亭不远的地方您就能看到卡普本旧铁路桥，桥长40米，高7米，其原始枕木和铁路线还保存完好。过卡普本河上的这座桥时，您必须推车前行。这条河就在不远处汇入泰耶里河。

第268页左图：位于奥塔哥中心圣巴坦山脚下的蓝湖。该湖是此地众多重要的历史金矿之一。

第268页右图：小道沿途最长的隧道普尔本峡谷隧道入口。隧道中部非常黑，骑行者有必要使用头灯照明。

第269页图：奥塔哥中央小道沿途土路上的骑行者。这条小道的骑行难度不断变化，因此，必须要在不同地形上进行良好的骑行训练。

沿着小道继续骑行，直到看见钢筋混凝土结构的普莱斯河高架桥。该桥长 91 米，高 32 米。强风可能会让过桥变得非常困难，所以要密切关注天气。继续沿海德方向骑行，有一条通往泰耶里河的人行道，可以看到为开采金矿而修建的海德隧道。从人行道上您可以欣赏令人惊艳的美景，并且有非常好的拍大片的机会（强烈建议在此拍照）。海德隧道是铁路小道沿途唯一一条完全由砖块修砌的隧道。过了海德隧道，有一道缓坡通往海德村，这里有一个公共停车场和一座信息亭，您把车停在这里。在 87 号国道的另一边您可以看到奥塔哥中央酒店，在这里，您可以享用货真价实的美食。海德是又一座金矿小镇，曾因它与哈米尔顿金矿的距离而得名"八英里"。

金矿雇用的矿工大多数是当地居民。尽管海德村地处偏远，但沿 87 号国道有一条主街，这让海德村成为游客休息和增添补给的理想之地（距离最近的可提供餐饮的地方都相当远，北面的威皮亚塔相距 29 千米，南面的米德尔马奇相距 27 千米）。在主路上还有两座教堂，而在国道的另一边，库克斯运输公司是一家生意兴隆的企业。过去，因为海德几乎没有平地，所以火车站修建在距离小镇中心 1.6 千米开外，那里有足够的地方可供装卸马车。如今，由奥塔哥中央铁路小道信托公司管理的海德站里仍然保留着一些原始的马车。在车站旁边有指引骑行者汇入小

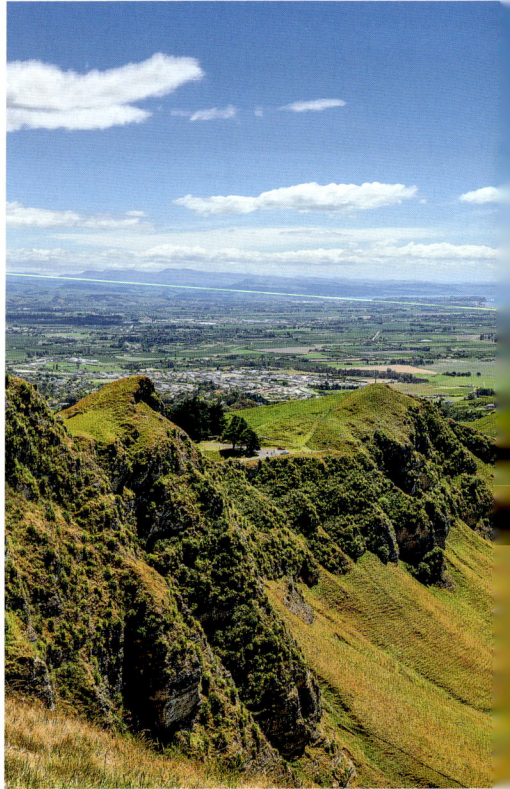

道的标识。过了海德站后，经过割草场，此地曾于 1943 年 6 月 4 日发生过一起严重的铁路交通事故，由于火车超速而导致车厢脱轨造成 21 人死亡，47 人受伤。那次事故至今仍是新西兰铁路史上第二严重的事故。铁路小道距离事故发生地非常近，这在 87 号国道上有清晰的标识。铁路小道的最后一段介于海德和米德尔马奇之间，这段行程中常常会有强风，尤其是在春季和夏季。在这段行程中有 4 个工棚，分别是灌木烧、岩柱入口（由于铁路小道与 87 号国道交会，这里是车辆的理想会合点）、泰耶里河谷和岩柱站。往米德尔马奇方向有微坡，跨过五里溪上的一座桥。五里溪的西北面是巍峨的岩柱山脉，东南面是泰耶里岭。最后到达铁路小道的终点米德尔马奇镇。在这里您可以尽情享受当地的美食好酒和当地人的热情好客。至此，这段激动人心的旅行之旅圆满结束。

第 270 页上图：小道旁的一处奇石造型。21 世纪初拍摄的著名的《指环王》三部曲中的一些场景曾在这里取景。

第 270 页下图：骑行小道上一座老旧的绿色货棚，如今成为一个坐标点和骑行者的歇脚点。

第 270—271 页图：霍克湾地区的特马塔峰。该地区有许多条骑行小道。

图片来源

所有地图都来自 Giulia Lombardo。

来自 Shutterstock.com 的图片页码: 4, 15, 16—17, 20 上, 20 下, 21, 22, 23, 24, 25 上, 25 左下, 25 右下, 26 上, 26 下, 26—27, 29, 30—31, 31 上, 31 下, 32, 33 上, 34—35, 36, 37 下, 38—39, 39 下, 40, 41 左, 41 右, 42—43, 43, 45 上, 45 下, 46, 47 上, 47 下, 48, 48—49, 50 上, 50 下, 52 上, 52 下, 54 下, 55, 56, 56—57, 58, 59 左, 60—61, 61 上, 62—63, 63, 64 上, 64 中, 66—67, 67, 68 左, 68 右, 69, 70—71, 72—73, 78 左, 78 右, 79, 82, 83 左, 83 右, 88 上, 88 下, 90 左, 90 右, 91, 93, 94 上, 94 下, 97, 98 左, 98 右, 99, 100—101, 102—103, 103 下, 104 下, 104—105, 106—107, 108 上, 112, 112—113, 114 上, 114 下, 115, 116 上, 116 下, 116—117, 118 下, 119, 120, 120—121, 124 上, 126, 126—127, 128 上, 130—131, 133 右, 135 上, 135 下, 137 上, 137 下, 138 上, 138 左下, 138 右下, 141 上, 141 下, 142 上, 142 下, 143, 144, 145, 146—147, 147, 149 左下, 150 左上, 150 右上, 150 左下, 150 右下, 151, 154, 154—155, 156 上, 160, 160—161, 162, 163 上, 163 左下, 163 右下, 165, 166, 167, 168, 172, 173, 174—175, 175, 176, 177 上, 177 下, 178—179, 180 上, 180—181, 185, 186 上, 186 下, 189, 194 上, 196 上, 196 下, 196—197, 198, 199 上, 199 左下, 199 右下, 200 上, 200 下, 202, 203 上, 203 下, 204—205, 206—207, 207, 208 左上, 208 右上, 208 下, 201 上, 212 左下, 212 右下, 214 上, 216, 216—217, 218, 220, 220—221, 223 左, 223 右, 224—225, 225 上, 228—229, 230 右, 231, 232 下, 232—233, 234 左, 234 右, 235 左, 236—237, 237, 238, 239 上, 239 下, 240, 241, 243 下, 244 上, 244 左下, 245, 246—247, 248 左, 251 上, 251 下, 253, 254 左, 254 右, 255, 258, 259 上, 259 下, 260, 261, 266 下, 269, 270 下, 270—271。

P9: Pavliha/Getty Images

P12—13: Nathaniel Noir/Alamy Stock Photo

P18—19: MARIA LUISA LOPEZ ESTIVILL/123RF

P19: Oleg Senkov/Alamy Stock Photo

P28—29: ALAN OLIVER/Alamy Stock Photo

P33 下: Keith Fergus/Alamy Stock Photo

P37 上: David Ronald Head/123RF

P44: imageBROKER/Alamy Stock Photo

P50—51: Evgeni Dinev/123RF

P53: Antonina Dattola/123RF

P54 上: FLAVIO VIERI/123RF

P59 右: age footstock/Alamy Stock Photo

P61 下: Joana Kruse/Alamy Stock Photo

P64 下: Aliaksandr Mazurkevich/123RF

P65: Rupert Oberhauser/Alamy Stock Foto

P74 上: Frits Meyst/MeystPhoto.com

P74 左下: Frits Meyst/MeystPhoto.com

P74 右下：Frits Meyst/MeystPhoto.com

P75：Frits Meyst/MeystPhoto.com

P76—77：Victor Gector/Alamy Stock Photo

P80—81：Yellow Single/Getty Images

P84—85：Mauritius images GmbH/Alamy Stock Photo

P85：Hemis/Alamy Stock Photo

P86：Hemis/Alamy Stock Photo

P87 上：imageBROKER/Alamy Stock Photo

P87 左下：imageBROKER/Alamy Stock Photo

P87 右下：Hemis/Alamy Stock Photo

P89：Ed Callaert/Alamy Stock Photo

P92—93：age fotostock/Alamy Stock Photo

P94—95：imageBROKER/Alamy Stock Photo

P96—97：sorincolac/iStockPhoto

P103 上：Lucas Vallecillos/Alamy Stock Photo

P104 上：H. Mark Weidman Photography/Alamy Stock Photo

P106：Veeravong Komalamena/Alamy Stock Photo

P108 下：Prisma by Dukas Presseagentur GmbH/Alamy Stock Photo

P109：Tina Kretschmer/Alamy Stock Photo

P110—111：Gabor Kovacs/Alamy Stock Photo

P118 上：Dmitrii Melnikov/Alamy Stock Photo

P122：Alex Ramsay/Alamy Stock Photo

P123 左：Charles Mann/Alamy Stock Photo

P123 右：INTERFOTO/Alamy Stock Photo

P124 下：SOURCENEXT/Alamy Stock Photo

P125：David Kleyn/Alamy Stock Photo

P128 下：Lukasz Kurbiel/123RF

P128—129：ONEWORLD PICTURE/Alamy Stock Photo

P132：imageBROKER/Alamy Stock Photo

P133 左：imageBROKER/Alamy Stock Photo

P134—135：Pep Roig/Alamy Stock Photo

P136—137：Pep Roig/Alamy Stock Photo

P139：Loop Images Ltd/Alamy Stock Photo

P140—141：Pep Roig/Alamy Stock Photo

P148：Random Lights Photography/Alamy Stock Photo

P149 上：Image Professionals GmbH/Alamy Stock Photo

P149 右下：Posnov/Getty Images

P153：Pete Titmuss/Alamy Stock Photo

P156 下：Courtesy of VISIT SWEDEN

P157：Courtesy of VISIT SWEDEN

P158—159：Courtesy of VISIT SWEDEN

P164 上：Arco Images GmbH/Alamy Stock Photo

P164 下：Mieczyslaw Wieliczko/Alamy Stock Photo

P169 上：Hemis/Alamy Stock Photo

P169 左下：Mauritius images GmbH/Alamy Stock Photo

P169 右下：Photononstop/Alamy Stock Photo

P170—171：Thierry GRUN‐Aero/Alamy Stock Photo

P171：Zoonar GmbH/Alamy Stock Photo

P180 下：Hemis/Alamy Stock Photo

P182 上：David Wall/Alamy Stock Photo

P182 下：Thomas Pickard/Getty Images

P182—183：Image Professionals GmbH / Alamy Stock Photo

P187：Peter Alexander/Alamy Stock Photo

P188：parkerphotography/Alamy Stock Photo

P190 上：Hervé Lenain/Alamy Stock Photo

P190 下：Hervé Lenain/Alamy Stock Photo

P190—191：age fotostok/Alamy Stock Photo

P192—193：AUBERT French Collection/Alamy Stock Photo

P193：Hemis/Alamy Stock Photo

P194 下：Hemis/Alamy Stock Photo

P195：Hemis/Alamy Stock Photo

P201：Hemis/Alamy Stock Photo

P209：Photononstop/Alamy Stock Photo

P210：Courtesy of CHEVAL D'AVENTURE

P210—211：Design Pics Inc./Alamy Stock Photo

P213：Design Pics Inc./Alamy Stock Photo

P214 上：Courtesy of CHEVAL D'AVENTURE

P214—215：Paul Andrew Lawrence/Alamy Stock Photo

P218—219：Chris Wallace/Alamy Stock Photo

P222：Jon Arnold Images/Alamy Stock Photo

P225 下：Design Pics Inc./Alamy Stock Photo

P227：Andrew Bain / Alamy Stock Photo

P230 左：Tetyana Kochneva/123RF

P232 上：freeartist/123RF

P235 右：Kees Metselaar/Alamy Stock Photo

P242—243：Sebastian Arning/EyeEm/Getty Images

P243 上：Westend61/Getty Images

P244 右下：Image Professionals GmbH/Alamy Stock Photo

P246 上：Daniel Kloeg/123RF

P246 下：Hemis/Alamy Stock Photo

P248 右：Hemis/Alamy Stock Photo

P249：Andia/Alamy Stock Photo

P250—251：Valery Inglebert/123RF

P:252—253：Miguel Sotomayor/Getty Images

P256 上：PGMstock/Alamy Stock Photo

P256 下：Sensi Images/Alamy Stock Photo

P257：Panther Media GmbH/Alamy Stock Photo

P262 上：Michael Matthews/Alamy Stock Photo

P262 下：Viktor Posnov/Alamy Stock Photo

P263：Stephen Saks Photography/Alamy Stock Photo

P264 上：David Wall/Alamy Stock Photo

P264 下：STEPHEN FLEMING/Alamy Stock

Photo

P265：David Wall/Alamy Stock Photo

P266 上：robertharding/Alamy Stock Photo

P267：David Wall/Alamy Stock Photo

P268 左：travellinglight/Alamy Stock Photo

P268 右：David Wall/Alamy Stock Photo

P270 上：Image Professionals GmbH/Alamy Stock

Photo

封面：瑞典达尔斯兰小木屋和小玻璃屋，瑞典旅游局网站"访问瑞典"（Courtesy of VISIT SWEDEN）

封底：在土耳其卡帕多西亚格雷梅国家公园探险的两位骑马旅行者。（fokke baarssen/Shutterstock.com）

作者简介

马达莱娜·斯滕达尔迪（Maddalena Stendardi），意大利米兰职业记者，从事旅游类杂志编辑工作 20 余年，曾担任图片编辑和文字编辑。此外，她还创刊了两份在线杂志，其中一份为旅游而创，另一份是为优质食品小生产商而创。她热爱大自然，喜欢徒步出游和远足旅行。由于她的经历，她意识到必须阻止污染和浪费的急剧加重，要保护而不是破坏环境。因此，她决定分享一种更注重可持续性发展的旅行方案。基于这个考虑，她于 2010 年创建了"生态旅行在线"（Ecoturismonline）网站，她现在仍在管理这个网站，致力于提供具有生态可持续性特点的旅游方式、路线和目的地。目前，她是 NEOS（一个专门从事旅行报道的记者和摄影师协会）的副主席。